Ahr   Schwimmen mit Babys und Kleinkindern

Für Benjamin

Barbara Ahr

Schwimmen mit Babys und Kleinkindern

Spielerische Übungen zur frühzeitigen
Bewegungsförderung im Wasser

≡ TRIAS THIEME HIPPOKRATES ENKE

Anschrift der Autorin:
Barbara Ahr
Hermann-Löns-Weg 50
D-58769 Nachrodt-Wiblingwerde

Fotos:
Fredrick Tönnesmann, Fröndenberg-
Strickherdicke und
Marcelo Konrad, Dortmund (Abb. 9)
Ockwat, Bochum

Umschlaggestaltung und Konzeption
der Typographie:
B. und H. P. Willberg, Eppstein/Ts.

Text- und Umschlagzeichnungen:
Friedrich Hartmann, Nagold

*Die Deutsche Bibliothek –
CIP–Einheitsaufnahme*

Ahr, Barbara:
Schwimmen mit Babys und
Kleinkindern: spielerische Übungen
zur frühzeitigen Bewegungs-
förderung im Wasser / Barbara Ahr.
[Fotos: Fredrick Tönnesmann.
Zeichn.: Friedrich Hartmann]. 2.,
überarb. u. erw. Aufl. – Stuttgart:
TRIAS – Thieme Hippokrates Enke,
1993
   1. Aufl. u. d. T.: Ahr, Barbara:
   Babyschwimmen

© 1989, 1993 Georg Thieme Verlag
Rüdigerstraße 14
70469 Stuttgart
Printed in Germany
Satz und Druck:
Gulde-Druck GmbH, Tübingen

ISBN 3-89373-235-7   1 2 3 4 5 6

Wichtiger Hinweis: Medizin als Wissenschaft ist ständig im Fluß. Forschung und klinische Erfahrung erweitern unsere Kenntnisse, insbesondere was Behandlung und medikamentöse Therapie anbelangt. Soweit in diesem Werk eine Dosierung oder eine Applikation erwähnt wird, darf der Leser zwar darauf vertrauen, daß Autoren, Herausgeber und Verlag größte Mühe darauf verwandt haben, daß diese Angabe genau dem **Wissensstand bei Fertigstellung des Werkes** entspricht. Dennoch ist jeder Benutzer aufgefordert, die Beipackzettel der verwendeten Präparate zu prüfen, um in eigener Verantwortung festzustellen, ob die dort gegebene Empfehlung für Dosierungen oder die Beachtung von Kontraindikationen gegenüber der Angabe in diesem Buch abweicht. Das gilt besonders bei selten verwendeten oder neu auf den Markt gebrachten Präparaten und bei denjenigen, die vom Bundesgesundheitsamt (BGA) in ihrer Anwendbarkeit eingeschränkt worden sind. Benutzer außerhalb der Bundesrepublik Deutschland müssen sich nach den Vorschriften der für sie zuständigen Behörde richten.

Zu diesem Buch   9

Ziel des Babyschwimmens   11

1. Stunde   16
Raumgewöhnung

2. Stunde   21
Spielzeug – Haltetechnik in Bauchlage – Armbewegung –
Tauchen

3. Stunde   27
Schwimmhilfen – Balancetraining – Freies Bewegen –
Rückenschwimmen

4. Stunde   32
Gleiten über Wasser – Gleiten unter Wasser –
Schwimmen mit Schwimmsprosse oder Schwimmbrett

5. Stunde   38
Abrollen vom Rand – Freies Schwimmen mit Schwimmhilfen – Wiederholung

6. Stunde   41
Wiederholung – Der Rand als sicherer Halt – Zum Rand
tauchen – Abrollen vom und Gleiten zum Rand

7. Stunde 46

Streckentauchen mit Annehmen – Gleiten über Wasser –
Streckentauchen ohne Annehmen – Einhandhaltung in
Bauchlage

8. Stunde 51

Springen vom Rand – Gleiten von der Treppe – Rückenschwimmen – Vom Rand weg – zum Rand hin

9. Stunde 55

Lustlosigkeit und Lernstillstand – Spielanregungen –
Spielen im Planschbecken

10. Stunde 62

Die Einjährigen – Wiederholung aller bisherigen Übungseinheiten – Hangeln am Beckenrand – Der Kinngriff

Kleinstkinderschwimmen 67

Sinn des Kleinstkinderschwimmens 68
Kursverlauf 71

1. Stunde 72

Kennenlernen – Gemeinsames Duschen

2. Stunde 77

Übungen gegen den Wasserwiderstand

3. Stunde 83

Übungen mit Schwimmhilfen – Küßchen-Spiel, Zirkel-training

4. Stunde 90

Gruppenspiele mit Holzreifen

5. Stunde 95

Abroller vom Rand – Stäbe, Schwimmsprossen zum Fest-halten

6. Stunde 101

Wettspiele – Vom Rand springen

7. Stunde 108

Gruppenspiele – Allein-Schwimmen

8. Stunde 114

Huckepack-Schwimmen – Tauchen

Übungen, die eingeschoben werden können 120

Ausklang 124

Sachverzeichnis 125

Zu diesem Buch

Liebe Eltern!

Als *Lehrkraft an einer Krankengymnastik-Schule* beschäftige ich mich seit Jahren mit dem Babyschwimmen. Viele aus den von mir entwickelten und geleiteten Kursen gemachten Erfahrungen habe ich in dieses Buch eingebracht und für Sie zusammengefaßt.

Normalerweise bewegt sich ein Säugling erst ab dem 6. Lebensmonat selbständig fort – das Babyschwimmen eröffnet diese Möglichkeit schon früher: Bereits ab der 6. bis 7. Lebenswoche kann man mit dem Säugling zu schwimmen beginnen. Die frühzeitige Anregung zur Bewegung wirkt sich positiv auf die mannigfaltigen, noch zu entwickelnden Fähigkeiten des Kindes aus. Auch wenn mit dem Babyschwimmen erst zu einem Zeitpunkt begonnen wird, zu dem das Baby schon krabbeln kann, so vergrößert sich trotzdem sein Aktionsradius im Vergleich zu Gleichaltrigen wesentlich.

Die Säuglinge genießen die Zeit des Aufenthalts im Wasser mit ihren Eltern sehr. Hier erlebt man etwas Gemeinsames: Halt geben und gehalten werden. Beim Babyschwimmen müssen Kind und Elternteil engen Körperkontakt aufnehmen. Sie lernen zudem andere Eltern und deren Säuglinge kennen. Gemeinsam können Sie die entspannende Umgebung des warmen Wassers genießen.

Sie sollten aber keinen falschen Ehrgeiz entwickeln: Es handelt sich nicht um eine Kinderschwimmschule mit – oft fälschlicherweise – erwarteten Zertifikaten. Vielmehr geht es darum, den Bewegungsanreiz zu nutzen, den nur das Wasser den Babys bietet, und gleichzeitig die auf Bewegungs- und Berührungsfreude beruhenden Kontakt- und Entfaltungsmöglichkeiten auszuschöpfen.

Babyschwimmen ist zugleich auch eine Elternschule, die Ihnen einen intensiven Zugang zu Ihrem Kind ermöglicht und Ihnen Gelegenheit gibt, die gesamte Entwicklung Ihres Kindes zu fördern.

Ihr Baby hat viel gelernt und fühlt sich im Wasser wohl. Wie aber geht es nun weiter, wenn es älter wird?

Sie können aber auch Eltern sein, deren Kind bereits ein Jahr und älter geworden ist und die keine Erfahrung mit Babyschwimmen machen konnten. Hier habe ich nun einen weiterführenden Kurs entwickelt (siehe Kurs »Kleinstkinderschwimmen« ab Seite 57).

Die Kleinstkinder (ein bis drei Jahre) hatten nur teilweise Vorerfahrungen vom Babyschwimmen. Aber – gerade auch – für sogenannten Neulinge, die also erst jenseits vom ersten Lebensjahr beginnen, waren diese Übungen eine gute Möglichkeit des optimalen Wasser- und Schwimmtrainings. Bei manchen Übungen, vor allem bei Tauchaktionen, bewiesen allerdings die vortrainierten Babyschwimmer weitaus mehr Aktion.

Ich habe dieses Programm hauptsächlich erstellt, weil viele Eltern fragten: »Was kann ich mit meinem Kind machen, wenn es dem Babyschwimmen entwachsen ist?« Sie wollten einfach weitere Anregungen haben. Also habe ich mit Müttern und Kindern immer wieder neue Sachen ausprobiert, bis ich Ihnen nun wieder ein weiteres, völlig neues Konzept von 8 Schwimm- und Übungseinheiten anbieten kann. Kursangebot also für Ein- bis Dreijährige. Versuchen Sie hier auch Übungen für Fortgeschrittene aus dem Babyschwimmen anzubieten. Angesprochen sind also Eltern, die schon den Babyschwimm-Kurs mitgemacht haben und weitermachen möchten.

Gerade bei Kindern dieses Alters muß man sehr die Individualität im Auge behalten und darf auf keinen Fall Zwang ausüben. Ich habe mich ständig bemüht, gemeinsam mit den Eltern die Kinder zum Mitmachen anzureizen.

Ich wünsche Ihnen und Ihrem Kind viel Spaß!

BARBARA AHR

Ziel des Babyschwimmens

Im Vordergrund sollte die Freude für das Baby stehen, sich frei zu bewegen, Körperkontakt mit den Eltern, Kommunikation mit anderen Kindern zu haben und eigene Erfahrungen zu sammeln.

Wichtig ist, wie die Eltern auf ihr Kind reagieren und wie sie den Kontakt zu ihm intensivieren können, wie sie ihm Hilfe, Aufmerksamkeit und vor allem Geduld entgegenbringen können.

—   *Ob mein Kind auch Lust hat?*

Nicht alle Kinder sind jedesmal gleichgelaunt und mögen immer gerne baden. Manche Kinder bedürfen zunächst der Ruhe! Man sollte deshalb darauf achten, zu einer Zeit ins Schwimmbad zu gehen, wo es keinen großen Trubel gibt. Eltern können zu mir mit empfindlichen oder auch ängstlichen Kindern vor Kursbeginn kommen. Später werden sie dann in die Gruppe integriert.

Ansonsten brauchen Sie als Eltern eigentlich nur eines zu tun, nämlich selbst gerne schwimmen gehen, die Übungen positiv aufzunehmen und gemeinsam mit dem Kind in die Tat umsetzen.

—   *Warum schon so früh?*

Der Säugling ist mit einer Reihe von Schutzreflexen und -reaktionen ausgestattet, die zu einem gewissen Teil im Laufe des ersten Lebensjahres verschwinden. Zu ihnen gehört auch der sog. Atemschutzreflex: Wenn Wasser die äußeren Atemwege (Mund/Nase) benetzt, wird bei gesunden Kindern die Atmung blockiert: es kommt also kein Wasser in die Lungen. Dies bietet jedoch keinen absoluten Schutz vor normalem Verschlucken.

Sollte das dem Kind einmal passieren – und es passiert immer wieder einmal –, dann klopft man ihm ein paarmal auf den Rücken und redet ihm ruhig und sanft zu; so wird das unangenehme Gefühl schnell verschwunden sein. (Wörtl. Zitat aus »Werkstattberichte des Bundesministers für Bildung und Wissenschaft«.)

Dank einer langjährigen Studie der Kölner Professorin Diem steht nun fest, daß Babyschwimmer intelligenter werden.

Fazit: Alle »Wasserratten« entwickelten sich deutlich besser als Nichtschwimmkinder. Sie paßten sich rascher veränderten Situationen an, waren leichter zu Leistungen zu motivieren, konnten sich länger konzentrieren und absolvierten sogar Intelligenztests erfolgreicher. Aber am besten von allen schnitten Kinder ab, die schon im 3. Monat ihres Lebens schwimmen gelernt hatten.

——   *Sinn des Babyschwimmens*

Die Babies sollten nach langem Üben dazu in der Lage sein, sich selbst zu »retten«. Das gleiche geschieht, wenn das Kind etwa (je nach Alter) zum Rand hingeschickt wird.

Außer dem »Selbstretten« – ein Ziel anstreben (z. B. Mutter, Vater, aber auch eine andere Person, Beckenrand, Spielzeuge) und sich daran festhalten – lernen die Kinder sehr früh, ihren Aktionsradius zu vergrößern. Durch das frühzeitige Training werden das Muskel- und Bindegewebe gekräftigt, übermäßiges Fettgewebe wird abgebaut. Die Babies sind Gleichaltrigen nachgewiesenermaßen grobmotorisch voraus. Das Babyschwimmen ist eine Möglichkeit der intensiven Zuwendung (evtl. beider Eltern) zu ihrem Kind. Nicht zu vergessen die Kontaktmöglichkeiten mit anderen Eltern und somit der Austausch von Erfahrungswerten u. a.

Die Zeit bis zum Erlernen des »Selbstrettens« ist unterschiedlich lang. Ich habe schon Kinder erlebt, die nach 10 Stunden dazu in der Lage waren. Dies sind jedoch große Ausnahmen. Die meisten Babies brauchen aufgrund der bei allen Kindern auftretenden Angstphasen sehr lange dazu. Nach meiner Überzeugung sind es mindestens 50 oder mehr intensive Stunden – ohne die Stunden zu zählen, in denen sie keine Lust haben oder Rückschritte machen.

— *Alter der Babyschwimmer*

Wir beginnen in der Regel mit Säuglingen ab 6 Wochen. Kinder in diesem Alter sind noch nicht zu allen Übungen des Kursprogrammes fähig, aber sie erlernen es frühzeitig. Bis dahin übt man mehr Wassergewöhnung und die vom Säugling nachvollziehbaren Übungen. Gesunde Babies müßten die im Buch vorgegebenen Übungen aber spätestens ab dem *4. Monat* wenigstens zum Teil bewältigen können.

Zum Ende des ersten Lebensjahres ist es für einen *Beginn* mit Babyschwimmen zu spät, da sich der Atemschutzreflex schon zurückgebildet hat. (Lesen Sie bitte hierzu über die *Einjährigen* auf Seite 62).

Start zum Babyschwimmen: Ab 6 Wochen, Wassergewöhnung und mit dem Säugling erste Übungen aus dem Programm. Training weiter bis Ende des ersten Lebensjahres: Dann ist der Atemschutzreflex angelernt!

— *Dauer des Badeaufenthalts*

Beim ersten Mal beginnt man mit ca. 15 Minuten. Dann steigert man die Anwendung ständig; solange wie Sie das Gefühl haben, daß das Kind Freude an der Bewegung im Wasser hat. Bei Kindern bis zu einem Jahr gilt die Regel: Steigern von 15 Minuten beim 1. Mal bis auf 30 Minuten beim 5. Mal, dann nach Befinden maximal 45 Minuten. Wenn Sie sich nach der Aktivität und Freude Ihres Kindes richten, werden Sie hier niemals einen Fehler machen.

— *Das Baby schreit im Wasser*

Bei den ersten Malen verläßt man, wenn auch beruhigende Worte nichts nützen, das Schwimmbecken und setzt sich an den Schwimmbadrand.

Es hilft außerdem, mit dem Kursleiter zu sprechen, er hat Erfahrungswerte, was los sein könnte: z. B. Unmut, Zahnen, Dreitagefieber, Impfungen etc. Wenn Sie schon länger Schwimmen gehen, ändert man sein Übungsangebot fürs Kind. Man beruhigt es im Wasser, nur in Ausnahmen wird die Übungsstunde beendet.

___ Hygiene im Wasser oder was zieht das Baby an

Man kann das »kleine Geschäft« nicht verhindern. Der Urin wird neutralisiert durch ausgewogene Chlor- oder Ozonzusätze im Wasser.

Um zu verhindern, daß das »große Geschäft« ins Wasser gelangt, müssen die Kinder eine eng sitzende, an den Beinen gut schließende »Badehose« anziehen. Das kann ein Frotteehöschen sein, allerdings darf es im Wasser nicht weiter werden. Kot im Wasser muß auf jeden Fall vermieden werden. Evtl. empfiehlt man außerdem eine Wickelfolie.

___ Infektionen aus dem Wasser

Dies war ein großer Vorbehalt der Kinderärzte gegen das Babyschwimmen. Er wurde in gut geführten Bädern revidiert. Allerdings sollten die Veranstalter in Bädern, die Babyschwimmen durchführen, immer ein besonderes Augenmerk von den Gesundheitsbehörden erhalten. (Besorgte Eltern erfragen dies häufig!) Denn es wäre falsch, eine übermäßige Chlorung vorzunehmen. Dies würde zu Schleimhautreizungen führen, die mir von meinen Babyschwimmern bisher jedoch nicht bekannt wurden.

Forderung an Eltern und Kinder mit Pilzerkrankungen: Sie selbst und das Kind sollten auf momentane Teilnahme am Babyschwimmen verzichten.

___ Bademöglichkeit

In vielen Bädern besteht die Möglichkeit, Babyschwimmen durchzuführen. Allerdings sollten einige Dinge von den Eltern oder von den Unterrichtenden bedacht werden.

- Sie benötigen eine Wassertemperatur von mindestens 32 Grad.
- Sie brauchen eine gute Wasserqualität (wenig Chlor, viel Kontrolle).
- Sie benötigen Wickeltische, wenige Eltern wickeln die Kinder gerne auf dem Boden, obwohl das gefahrloser ist.
- Eine gewisse Wasserruhe wäre angebracht, das heißt, es wäre ungünstig, Babies mit ins Wasser springenden Schulkindern zu konfrontieren. Es gibt Säuglinge, die zunächst alleine das Schwimmbecken haben müssen, weil sie sich sonst gestört fühlen. Man sollte im Anfang bereits vor oder nach den Kursen üben, damit die Kinder erst einmal allein sind und sie dann vorsichtig in die Gruppe integrieren. Für die meisten Kinder ist es allerdings genau umgekehrt. Sie genießen das Beisammensein mit Altersgenossen und freuen sich aufs Wiedersehen.
- Es sind am Anfang kleine Lehrschwimmbecken zu empfehlen, da bei den großen Schwimmbädern die Schallfrequenz immer höher ist.
- Es wäre gut, sich einem Lehrgang anzuschließen oder aus einem Spielkreis eine Elterngruppe zu bilden, die mit diesem Buch die Stunden durcharbeitet. Ich glaube, daß Sie mit diesem Buch auch autodidaktisch arbeiten können. Es ist nämlich nicht nur wichtig, Wassergewöhnung zu betreiben, sondern noch ein bißchen mehr.
- Erkunden Sie möglichst schon vor Beginn des Schwimmbadbesuches die Parkmöglichkeiten. Es ist nämlich ganz erstaunlich, was man alles außer dem Baby zum Babyschwimmen mitnimmt.

Nun werde ich Ihnen einen Kursaufbau von 10 Stunden in 10 Abschnitten erläutern.

Mit jedem Kind sollte man so lange in der angegebenen Stunde bleiben, bis die Übungen korrekt durchgeführt werden. Bei einem Rückschritt sollte man zur Stunde, und sei es auch zur ersten, zurückkehren, in welcher das Kind ohne Schwierigkeiten mitmachte.

Sollten die Babies weinen und auch ein Beruhigen im Wasser ohne Erfolg bleiben, dann verlassen wir unverzüglich das Wasser und setzen uns an den Rand und schauen zu (s. S. 13).

Bitte keinen Zwang auf die Kleinen ausüben!

≡ 1. Stunde

Zu Beginn muß man eine Eingewöhnungszeit an die ungewohnten Räumlichkeiten beachten. Eine verstärkte Akustik, außerdem eine feucht-warme Luft machen sich hier bemerkbar.

Zunächst setzt man sich gemeinsam an den Beckenrand, abwartend, bis das Baby Interesse am Wasser bekundet. Man setzt dazu am besten das Baby zwischen die eigenen Oberschenkel. So kann man mit dem Wasser spielen und die Umgebung und die neuen Personen in Ruhe beobachten. Dann bewegen wir unsere Beine im Wasser und bespritzen das Kind ab und zu mit etwas Wasser und beobachten seine Reaktion. Wenn Sie merken, daß das Baby auf Ihr Planschen eingeht und auch mit den Beinchen im Wasser zu strampeln beginnt, dann ist der Zeitpunkt zum Eintritt ins Schwimmwasser gekommen.

Nun will man zunächst die *Wassergewöhnung* erreichen. Wir nehmen engen Körperkontakt mit dem Baby auf, halten es aber dabei bis zu den Schultern so tief ins Wasser, daß es nicht frieren kann. Dies ist ein

Abb. 1   Raumgewöhnung

Abb. 2   Körperkontakt

häufiger Fehler, der gemacht wird. Die Babies werden nur einen Moment eingetaucht und dann wieder zu hoch herausgehalten.

Gehen Sie gemeinsam im Wasser das ganze Becken auf und ab. Wenn Sie sehen, daß etwas des Babys besondere Aufmerksamkeit erregt, bleiben Sie stehen. Geben Sie ihm Zeit, zunächst auch evtl. passiv, alles anschauen zu können.
Liebkosen Sie Ihr Kind mit Wasser, lassen Sie das Wasser über Ärmchen und Rücken fließen, und wenn Sie mutig sind, sogar mal über den Kopf und das Gesicht.
Zunächst geschieht dies vorsichtig, später dann beherzt mit einer richtigen Welle.
Diese *Wellentechnik* übt sofort den Atemschutzreflex. Den wollen wir von Beginn an trainieren.

Abb. 3   Wellentechnik

Viele Kinder verhalten sich zunächst im Wasser total passiv. Sie klammern sich teilweise fest an ihre Eltern. Das Baby hat die Möglichkeit des Bewegungsfreiraums noch nicht erkannt.

Das Kind soll zunächst zu *Beinbewegungen* motiviert werden. Dies kann man, indem Sie es unter den Achseln halten und den Unterkörper mit Schwung durch das Wasser bewegen. Jetzt merken die Kinder, daß sie die Beinchen bewegen sollen und beginnen zu treten. Die *Beinbewegung* wird schneller erlernt als die Bewegung mit den Armen. Der *Unterkörperschwung* soll nicht zaghaft von Ihnen ausgeführt werden, und bei weiterhin passiven Kindern bedarf er einer häufigen Wiederholung.

Wir haben auch die Möglichkeit, die Kinder senkrecht zu schwenken, aber immer waagerecht bis zur Schwimmposition. Außerdem ist den Eltern zu Beginn das beidhändige Halten unter den Achseln am liebsten. Dies können wir variieren – einmal üben wir das Schwenken in Bauchlage (also so, daß wir uns anschauen), dann auch in Rückenlage.

Führen Sie die Übungen in Fortbewegung durchs Wasser aus und machen Sie mit dem Körper des Kindes richtige Schlangenbewegungen im Wasser.

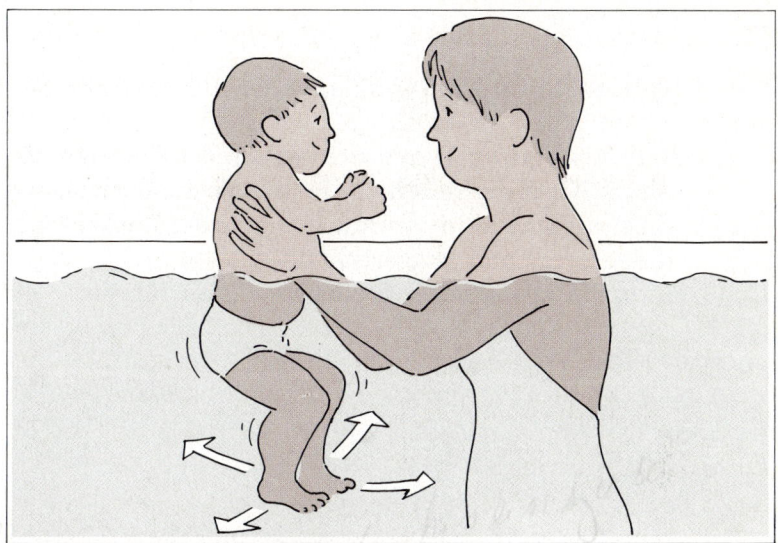

Abb. 4   Beinbewegung durch Unterkörperschwung

Zusammenfassung 1. Stunde

Raumgewöhnung – An die gesamte neue Umgebung gewöhnen lassen.

Warteposition – Abwarten am Rand, bis das Baby zeigt, daß es ins Wasser möchte.

Körperkontakt – Liebevollen engen Körperkontakt aufnehmen mit dem Baby, es mit dem Wasser streicheln.

Wassergewöhnung – Mit Körperkontakt durch das Becken gehen. Falls Babies weinen, bitte sofort das Wasser verlassen und an den Rand setzen.

Wasserkontakt – Den Kindern auch das Gesicht schon einmal mit Wasser benetzen, *Wellentechnik* (Atemschutzreflextraining).

Übungen

Haltetechnik: Kind wird unter den Achselhöhlen gefaßt.

Beinbewegung: Durch Schwenken des Unterkörpers wollen wir die Kinder anreizen, die Beine selbständig zu bewegen.
1. Dies geschieht in der Bauch- und in der Rückenlage.
2. Senkrecht und waagerecht üben.
3. Im Stand und in der Fortbewegung ausführen.

☰ 2. Stunde

— *Wir benötigen ein Schwimmspielzeug:*

Wir setzen uns mit dem Baby an den Beckenrand und schieben das Spielzeug ins Wasser, bestimmt möchte das Kind hinterher. Es wird eine wichtige Haltetechnik geübt, denn viele Eltern halten ihre Kinder sehr verkrampft fest.

Abb. 5   Haltetechnik Bauchlage

Abb. 6   Spielzeug – Greiftechnik – Armbewegung

— *Richtiges Halten in Bauchlage:*

In Bauchlage legen wir das Kind mit dem Brustkorb auf unseren rechten Unterarm, unsere rechte Hand umfaßt den linken Oberarm des Kindes. Mit unserer linken, freien Hand können wir jetzt auch noch eine zusätzliche Hebelwirkung ausüben, wir drücken das Gesäß tiefer ins Wasser, besonders wenn das Baby zu tief mit dem Gesicht ins Wasser taucht. Ein Wassermantel sollte den Rücken umgeben, das heißt, daß er mit Wasser umspült sein muß. Der Haltearm wird von Zeit zu Zeit gewechselt, in unserem Beispiel also zum linken Arm wechseln. In dieser Halteposition haben die Babies optimale Arm- und Beinfreiheit. Die Beinbewegung wird von den meisten gut durchgeführt, darum wenden wir uns jetzt dem Armschlag zu.

Abb. 7   Haltung vor dem ersten Tauchen

—   *Anleitung zum Einüben der Armbewegung:*

Wir nehmen dazu das Spielzeug zu Hilfe und legen es in Sichtweite des Kindes. Um an das Spielzeug zu gelangen, führt es bald eine
Armstreckung in Form eines Kraulschlags durch. Das Baby begreift
nun, daß es Arme und Beine bewegen muß, um sein Ziel schneller zu
erreichen. Aus diesem Grunde bewegen die Kinder sich bald rhythmisch
mit Armen und Beinen. Man schiebt, ist das Spielzeug erreicht, dieses
wieder fort, und schon beginnt das Kind seine Anstrengung von neuem.

—   *Tauchen*

Das Tauchen ist ein Grundelement des Babyschwimmens.
Wichtig ist jedoch, niemals ein Kind zum Tauchen zu zwingen, das heißt,
daß die Babies niemals quengeln oder gar weinen sollten.

Trotzdem empfiehlt es sich, das erste gemeinsame Tauchen ans
Ende der Übungseinheit zu setzen. Sollte das Kind nach dem Tauchvor-

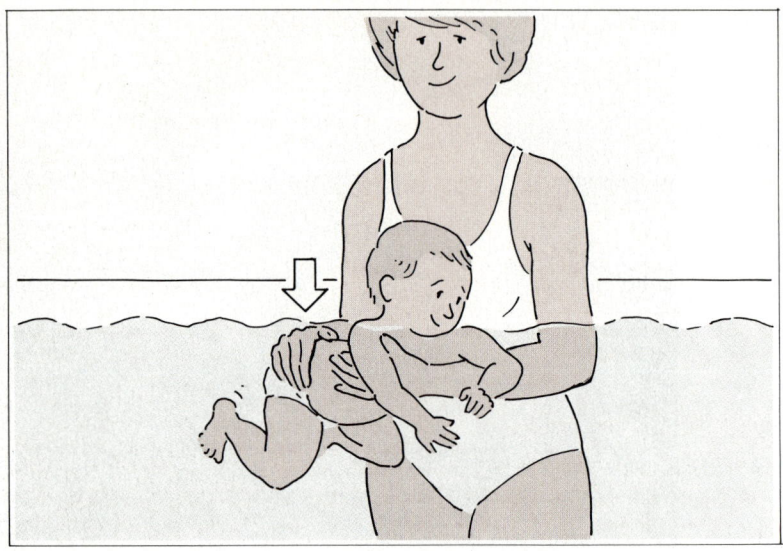

Abb. 8   Kniebeugen vor dem Tauchen

gang negativ reagieren, sollte man sofort das Schwimmbecken verlassen.

Die Mütter müssen darauf hingewiesen sein, daß die Kinder unter Wasser die Augen öffnen und es darum besonders beim ersten Mal des Tauchens wichtig ist, mitzutauchen, sonst sehen die Kinder nur unbekannte Bauchlandschaft. Wir beginnen mit der Wellentechnik oder gehen mit den Babies zur Vorbereitung schon einmal bis zur Nase bzw. bis zu den Augen ins Wasser.

Mit Blickkontakt zum Baby federn wir jetzt mit den Knien, ähnlich als wolle man Kniebeugen machen.

Mit manchen Babies kann man auch richtig hüpfen. Dabei sollen sie immer wieder Wellen, die wir erzeugen, ins Gesicht bekommen. Nach einiger Zeit taucht man nun beherzt unter, bis die Köpfe unter Wasser sind und bleibt etwa 2 bis 4 Sekunden unter Wasser.

Abb. 9   Das gemeinsame Tauchen

Nach dem Auftauchen loben wir das Baby, bitte, für seine präch-
tige Leistung.

Bei Kindern, die besonders gerne tauchen, hat man gleich den
Eindruck, daß sie lieber unter als über Wasser sind.

Beim ersten Mal jedoch den Tauchvorgang höchstens 3–5mal
wiederholen.

Zusammenfassung 2. Stunde

Wassergewöhnung – Wir beginnen wieder wie beim ersten
Mal mit Körperkontakt.

Wiederholung – Beinschwenkung.

Haltetechnik – *Bauchlage* – Das Kind liegt mit dem Brustkorb
auf Ihrem Unterarm, Sie halten mit Daumen und Zeigefinger

den äußeren Oberarm des Kindes, die freie Hand kann nun das Gesäß nach unten drücken.
Wassermantel!!!
Schwimmspielzeug erforderlich…

Übungen

Armbewegung – Das Baby soll durch ein Spielzeug zur Armbewegung angereizt werden (ähnlich Armkraulschlag).
Man legt es in Sichtweite, so daß es sich bemühen muß, das Spielzeug durch Armausstrecken zu erreichen.
Dies erfolgt in der oben beschriebenen Bauchhaltetechnik.

Untertauchen – Gemeinsam ca. 2–3 Sekunden untertauchen!
Vorher Wellentechnik.
Babies haben die Augen unter Wasser geöffnet, darum bitte Blickkontakt! Loben nicht vergessen!

3. Stunde

Schwimmhilfen

Mit einem Schwimmring und Schwimmflügel üben wir mit den Babies, das Gleichgewicht zu halten.

Wichtig sind Schwimmhilfen in kleinster Größe.

Beide werden nur so weit aufgeblasen, daß sie noch zu knicken sind. Eltern im Schwimmbad sollten möglichst zum Anlegen der Hilfen beim Kind Hilfe in Anspruch nehmen.
Schwimmreifen und Schwimmflügel sind beide nur so schwach aufgeblasen, daß das Kind gerade noch mit dem Kinn über Wasser ist.

Das Baby merkt nun durch die verstärkten Auftriebskräfte, daß es sich ganz frei und ohne Hilfe bewegen kann. Es muß sich bemühen, den Kopf zu heben, da es sonst mit dem Gesicht ins Wasser eintaucht. So trainiert es die Rückenmuskulatur.

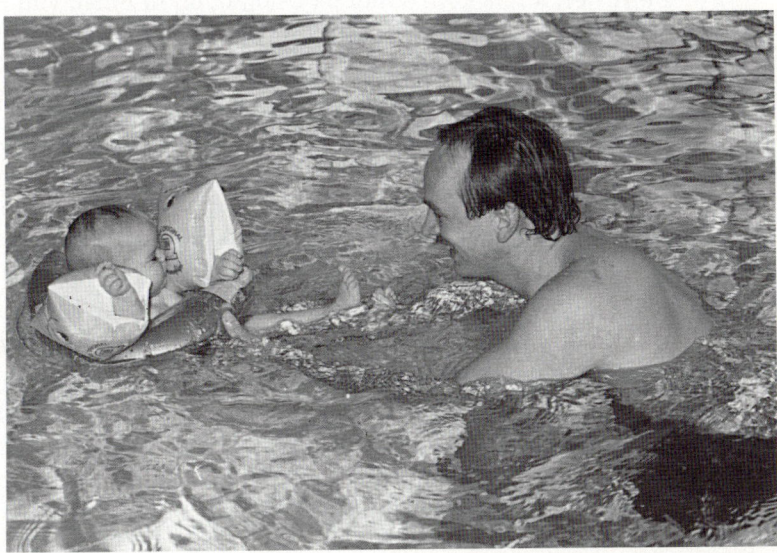

Abb. 10   »Küßchen-Spiel«

Am Anfang geben wir vielleicht noch etwas Unterstützung und Halt und gehen rückwärts vor dem Baby durchs Wasser. Wichtig ist, daß das Kind selbständig das *Balancegefühl* spüren lernt.

Damit die Kinder jetzt nicht nur passiv in den Schwimmhilfen verbleiben, legt man ihnen noch einmal ein Schwimmspielzeug in Sichtweite, damit sie dahin gelangen wollen.

Erfahrungsgemäß mögen allerdings alle Kinder das *Küßchenspiel* als Anregung zur Bewegung in Schwimmhilfen:

1. Bewegung der Arme
Fassen Sie das Baby an den Händen, strecken Sie die Arme lang aus ... nun rufen Sie: *Komm – Küßchen!!!* und ziehen sofort das Kleine mit Schwung zu sich her. Natürlich gibt es sozusagen zur Belohnung einen Kuß.
Nun wiederholen wir das Ganze!

2. Bewegung der Beine
Man faßt jetzt die Füßchen, dreht das Kind in Rückenlage und übt Blickkontakt aus. Zunächst lockt man wieder. *Komm-Küßchen!!!*
Beinchen anhocken, dabei ist es egal, ob in Form von Kniebeugen oder Froschhocke gebeugt wird.
Den Belohnungskuß gibt es diesmal in dieser Hocke.
Nun die Beine des Kindes in die Streckung bringen und das Locken, also *Knie beugen – Komm Küßchen – Schwung* zum Strecken der Beine, wiederholen. Nach einiger Zeit kann man die Füßchen auch loslassen, so daß die Kinder alleine zurücktreiben.

3. Weitere Variationsmöglichkeiten:
Man kann Babies Füße auch vor den Bauch oder die Brust stellen, die Knie nun wieder anbeugen – dabei zusätzlich seine Hände fassen.

4. Wenn dieses »Rückwärts-selbst-Abstoßen« gelingt,
kann man eine Kombination spielen: *Rückwärts weggleiten lassen* (siehe Anleitung unter 2) *wieder vorwärts* (siehe Anleitung 1) *zu sich hin locken – Komm Küßchen.*

Abb. 11   Kontaktaufnahme

— **Balancegefühl und Schwimmhilfen**

Das *Küßchenspiel* soll den Kindern spielerisch das Balancegefühl beibringen. Nun möchten die Kinder eigene Erfahrungen sammeln.
Man sollte sie einmal selbst ein Ziel ansteuern und erreichen lassen. Sie
suchen z. B. Kontakte zu anderen Kindern oder untersuchen die Überlaufrinne. *Die Badedauer mit Schwimmhilfen* sollte nur ein Drittel der
Schwimmzeit betragen, damit keine Gewöhnung an die Hilfen eintritt.

— **Rückenschwimmen**

Viele Babies bevorzugen das Brustschwimmen, deshalb – *wichtig!* – anfangs nie ohne Blickkontakt arbeiten. Wir legen zunächst eine
Hand (mit gespreizten Fingern), aber ohne Druck, unter den Kopf.

Der Körper treibt von alleine auf. Allerdings sollte der Kopf zum
großen Teil noch getaucht sein; es reicht, wenn Nase, Augen und Mund

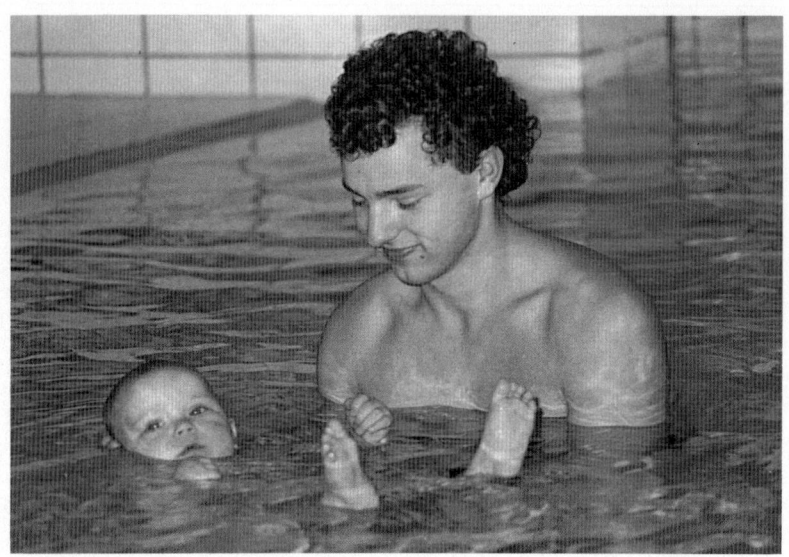

Abb. 12   Rückenschwimmen

aus dem Wasser ragen, ansonsten kommt der Körper zu weit aus dem
Wasser heraus. Versuchen Sie, nicht zu verkrampft zu halten, das Kind
spürt Ihre Unsicherheit. Sprechen Sie mit dem Kind. Es soll sich ruhig
an die neue Position gewöhnen.

Nach einiger Zeit setzt bei vielen Kindern von alleine eine Bein-
aktivität ein, nur wenige jedoch machen Armbewegungen.
Spüren Sie, daß das Kind die Rückenlage mag, so können Sie Ihre
Haltetechnik ändern.

Beide Hände fassen nun von rückwärts den Hinterkopf (evtl.
auch den Schultergürtel), und wir gehen rückwärts schwenkend, in
Form von Schlangenlinien, mit dem Kind durch das Schwimmbecken.

Der »tote Mann« wird von einigen Kindern im Alter von ca.
einem halben Jahr beherrscht. Sie halten sich alleine durch Entspannung und Atemtechnik über Wasser. Die Vorstufe zum »toten Mann« soll
von allen geübt werden. Der Halt am Hinterkopf läßt nach, bis das Baby
nur noch von einem Finger gestützt wird.

Abb. 13   Balancetraining

Zusammenfassung der 3. Stunde

Balancetraining – Gleichgewichtsübung für das Kind in Schwimmhilfen, Gewöhnung vermeiden – nur während ca. ⅓ der Badedauer benutzen.

Küßchenspiel – Bewegungsspiel mit Schwimmhilfen in Bauch- und Rückenlage möglich, mit und ohne Loslassen.

Freies Bewegen – Die Babies erforschen mit Schwimmhilfen die Umgebung.

Rückenschwimmen – Zunächst Gewöhnung mit Blickkontakt, allmählich Haltetechnik auf einen Finger am Hinterkopf reduziert.

Untertauchen – Zum Schluß der 3. Stunde das Tauchen nicht vergessen, weil wir beim 4. Mal hier erweitern wollen. Zeitspanne beim Vorgang auf 5–7 Sekunden verlängern oder 2–3mal gemeinsam tauchen!

≡ 4. Stunde

— Gleiten über und unter Wasser

Dieses Mal sollten möglichst beide Elternteile anwesend sein. Nun wollen wir das erste Mal über Wasser gleiten:
Halten Sie Ihr Kind mit den Händen rückwärts in Taillenhöhe. Kinder bis ca. einem halben Jahr brauchen evtl. nur eine Hand am Unterbauch, die andere Hand wird als zusätzliche Stütze unter die Brust geschoben.

Der Partner (nennen wir ihn *Ziel*), der Ihnen gegenübersteht, ruft das Baby bei seinem Namen und nimmt Blickkontakt zum Baby auf.

Wenn das Baby die Ärmchen zu dem lockenden Elternteil (*Ziel*) ausstreckt, erhält es vom haltenden Elternteil (nennen wir ihn *Start*) einen kleinen Schwung und gleitet auf die dem Kind entgegengestreckten Arme des lockenden Elternteils (*Ziel*) zu. Es gleitet hier wie auf Schienen.

Nun tauschen Sie Ihre Positionen, aus *Ziel* wird *Start* und umgekehrt. Bei dem Schwung zum Partner *Ziel* soll das Kind ruhig schon wieder mit der Wellentechnik in Berührung kommen, deshalb kann Ihr Baby beim Rübergleiten eine richtige Bugwelle machen.

Die Distanz zwischen den beiden Partnern *Start* und *Ziel* beträgt zunächst ca. 1 Meter. Ist Ihr Kind beim Partner *Ziel* angelangt, so dreht dieser das Kind wieder rum, und so weiter und so fort. Dieses ausführliche Üben macht sicherlich der ganzen Familie Spaß.

— Gleiten mit Untertauchen

Vergrößern Sie den Abstand zwischen sich und Ihrem Partner. Bevor Ihr Kind das *Ziel* erreicht hat, taucht es kurz unter. Werden Sie nicht hektisch oder ängstlich. Es ist häufig zu beobachten, daß die Kleinen viel Spaß am Tauchen haben, werden sie aber dann hochgerissen oder hektisch angepackt, sind sie durch das Greifen erschreckt. Also,

Abb. 14   Gleiten über und unter Wasser

es ist ganz wichtig, die Babies sehr behutsam und langsam annehmen, niemals ruckartig oder hastig.

Die Distanz beim Gleiten mit Untertauchen beträgt bis zu 3 Metern. Optimal fürs Baby wäre, wenn der Elternteil, zu dem es hin will, ihm entgegentaucht (*Ziel*).

Der *Start*partner könnte mit dem Kind mitgehen (tauchen) und es in die Richtung zum *Ziel* dirigieren.

Gleiten unter Wasser

Kommt das Baby bei Ihnen an, bitte jedesmal loben.

Es ist ja eine erstaunliche Leistung, welche das Baby vollbringt. Wenn dieses Gleiten über und unter Wasser Ihnen und natürlich dem Baby großen Spaß bereitet, kann ich nur raten, so oft wie möglich zum Schwimmen zu gehen und das Erlernte weiter auszudehnen.

Es gibt tauchbegeisterte Eltern und Kinder, die die Strecke schon nach kurzer Zeit erweitern. Hierzu noch mehr im Kapitel *Streckentauchen*. An dieser Stelle aber bitte keine Übertreibungen. Die Tauchkinder brauchen lange Erholungsphasen gegenüber der eigentlichen Tauchphase.

Beobachten Sie also bitte vor dem Tauchvorgang die Regungen Ihres Kindes:

1. Bewegt es sich noch aktiv, bei Ihnen als Startpartner?
2. Lacht es noch zum Zielpartner hin?
3. Reckt es ihm die Ärmchen entgegen?

Nicht mehr tauchen, wenn die Kinder klammern oder total passiv pusten, ein hochrotes Gesichtchen haben oder sogar weinen.

Also Vorsicht vor Überforderung!
Wenn Sie diese Regeln beachten, werden Sie alle viel Freude beim Tauchen haben.

—   Schwimmen mit Schwimmsprosse oder Schwimmbrett

Nun wollen wir eine Tauchpause einlegen.
Zunächst könnten wir die Kinder auch in Schwimmring oder Schwimmflügel das tun lassen, wozu sie Lust haben. Danach geben Sie Ihrem Kind eine Schwimmsprosse zum Festhalten; das sind Stäbe mit seitlichen Auftriebskörpern.

In Ermangelung solcher Sprossen kann man auch Gymnastikstäbe benutzen, und zwei Teilnehmer halten diese. Nun sollen sich die Babies daran festhalten.

Babies bis zu ca. 6 Monaten kann man mit dem Brustkorb auf die Stange legen. Die Schwimmsprosse sollen sie nun aktiv schieben, mit dem Gymnastikstab ziehen wir sie mehr durch das Wasser.

Abb. 15   Halt an der Schwimmsprosse

Achtung! Fast alle machen eine Art »Klimmzug« und rollen mit den Beinchen unter der Stange her nach vorne, das behagt ihnen aber gar nicht. Dann lassen sie auch manchmal völlig unerwartet los. Falsch ist, sie anzunehmen und von der Stange wegzuziehen. Sie sollen hochgehoben, aber direkt wieder an die Stange, wenigstens kurz, plaziert werden. Sie lernen: Die Stange hilft mir, mich über Wasser zu halten.

Beim Schwimmbrett muß man bei den Kleinen auch noch viel Hilfestellung geben. Legen Sie sie mit dem Brustkorb darauf; dabei halten sich viele schon richtig fest. Aber bis zum Kraulbeinschlag mit Schwimmbrett ist es noch ein paar Jahre hin.

Abb. 16   Gleiten zwischen Vater und Mutter

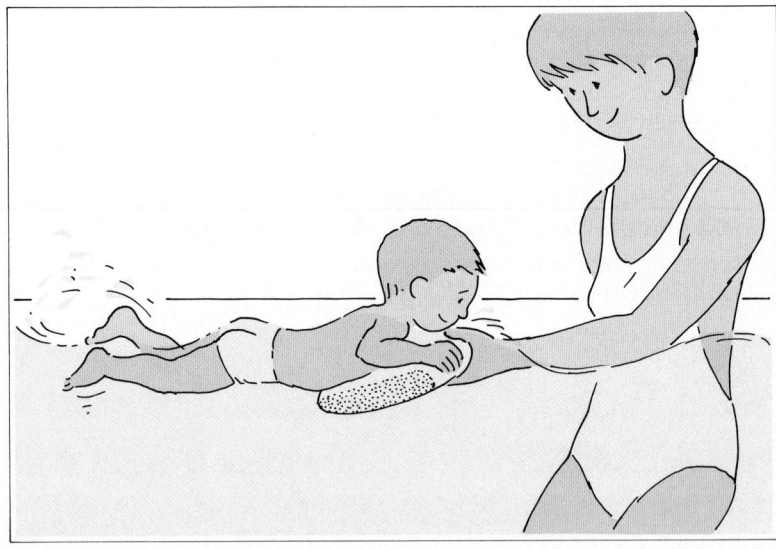

Abb. 17   Gleiten mit Wellentechnik auf die Unterarme

Zusammenfassung der 4. Stunde

Gleiten über Wasser – Wenn möglich mit beiden Elternteilen üben. Das Baby soll zunächst vom Startpartner zum Zielpartner auf die ausgestreckten Arme geschoben werden. Zurück!

Gleiten unter Wasser – Wie oben, nur die Distanz ist vergrößert, so daß das Baby automatisch tauchend zum Ziel gelangen muß. Loben! Vorsicht vor Überanstrengung bei Wiederholung!

Spiele – Zu Beginn und an dieser Stelle einfach zusammen spielen oder ausruhen. Evtl. Schwimmflügel oder Schwimmreifen.

Schwimmsprosse, Schwimmbrett – Mehr als Beitrag zu Spielen zu verstehen ist der Versuch mit der Schwimmsprosse oder dem Schwimmbrett.

≡ 5. Stunde

— Abroller vom Rand

Setzen Sie Ihr Baby dazu an den Schwimmbadrand, Sie selbst stehen im Schwimmbecken. Babies, die noch nicht selbständig sitzen können, müssen natürlich von hinten gestützt werden. Spielen Sie mit Ihrem Kind, machen Sie ihm die Beinchen naß, zeigen Sie ihm Spielzeug und versuchen Sie, es ins Wasser zu locken. Locken Sie so lange, bis es Ihnen von alleine die Arme entgegenstreckt.

1. Zunächst hält man sie an den Unterarmen fest und läßt sie ins Wasser abrollen. Das macht den Babies meistens viel Spaß. Je nach Höhe vom Rand zum Wasserspiegel machen die Kleinen beim Auftreffen aufs Wasser einen kleinen Bauchklatscher.
2. Man läßt die Kinder selbständig vom Rand abrollen und noch ohne zu tauchen auf ihre Arme fallen. Meistens genießen die Kleinen dieses Spiel sehr und wollen es unendlich oft wiederholen.
3. Nun vergrößern Sie den Abstand bis zum am Rand sitzenden Kind, locken es, wieder zu kommen. Wir beginnen mit einem kleinen Zwischenraum (ca. 1 m) zum Rand. Nach dem Hineinrollen taucht das Baby unter, und die Mutter nimmt es sanft hoch.
4. Weitere Distanzveränderung – entsprechend der Tauchbegeisterung des Kindes – durch Vergrößern des Abstands.

Der Abroller ist ein wichtiger Schritt zum »Selbstretten«. Bei den ersten Malen darauf achten, daß Ihr Kind noch nicht mit dem Gesicht ins Wasser gerät. Erst wenn es sich gut und gerne abrollt, lassen Sie es ganz kurz nach dem Abrollen untertauchen und heben es lobend wieder hoch!

Nun wenden Sie sich nochmals den *Schwimmhilfen* (Schwimmreifen und -ring) zu.
Inzwischen sind die Kinder schon gut mit der Umgebung vertraut, und wir wollen sie jetzt einmal diese Übung alleine proben lassen.

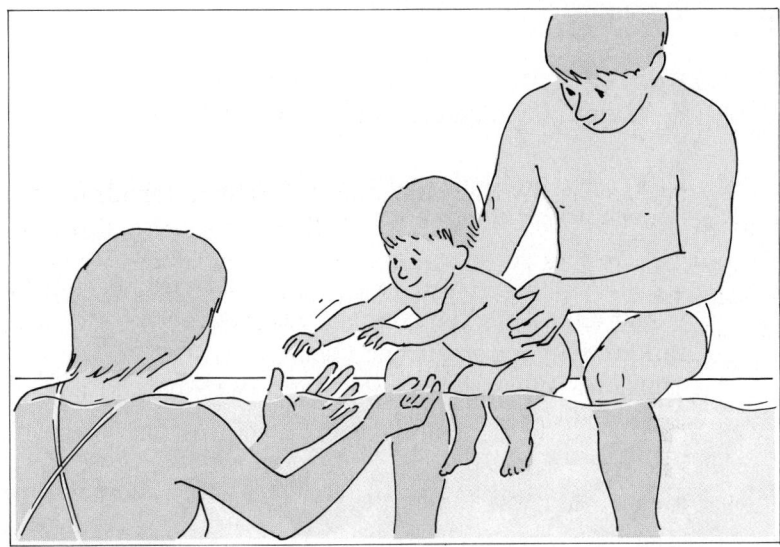

Abb. 18   Abroller vom Rand

Wir helfen ihnen in Reifen und Schwimmflügel und lassen sie nach kurzem Eingewöhnen allein. Selbstverständlich befinden wir uns in Blick- und Griffkontakt. Rufen Sie Ihr Baby oder folgen Sie seinen Drehungen. Je nach Alter macht es den Babies natürlich riesigen Spaß, zu Ihnen hinzukommen. Dies nennen wir das *Komm-her-Spiel*.

Die Babies schieben wir auf die andere Beckenseite, und nun sollen sie zu Ihnen kommen. Dies soll nur ein Versuch sein, denn die meisten Babies mögen diese große Distanz noch nicht.

=== **Zusammenfassung der 5. Stunde**

Abroller vom Rand – Kinder sitzen am Rand und geben selbst den Impuls, zu Ihnen zu kommen. Festhalten der Arme.

Über Wasser – Danach mit Bauchklatscher auf die Arme! Jedoch noch ohne Untertauchen!

Unter Wasser – Erst wenn die Kinder den Abroller vom Rand sicher ohne Tauchen können, sollen sie heute mindestens 1mal mit kurzem Untertauchen üben.
Sollte es sehr gut klappen, kann der Abstand nach Belieben erweitert werden.

Wiederholungen – Übungen der ersten Stunden wiederholen!

Freies Schwimmen mit Schwimmhilfen – Die Babies sollen sich ohne unseren Halt selbständig durch das Becken und zu uns hin bewegen.

6. Stunde

Wiederholung aus der 2. Stunde – Kraulbewegung durch Anreizen mit einem Wasserspielzeug. Dabei soll nochmals die seitliche Haltetechnik geübt werden.

Kontaktaufnahme

Zwei oder mehrere Babies ganz nahe zueinander bringen, so daß sie sich anfassen können.

Der Rand als sicherer Halt

Legen Sie Ihrem Kind ein Spielzeug an den Schwimmbadrand (Überlaufrinne). Zunächst beobachten wir, ob es sich schon alleine festhalten kann. Dies ist abhängig vom Alter, aber auch von der Randbreite und -höhe.

Wenn es sich noch nicht ausreichend festhalten kann, legt man das Kind mit dem oberen Brustkorb auf den Rand; es hält sich sehr früh schon mit den Achselhöhlen fest.

Bei Kindern, die sich festhalten können, lösen wir langsam unsere Haltunterstützung und lassen sie sich selbständig halten. Die Babies erproben jetzt die neuen Möglichkeiten. Sie versuchen:
a) die glatte Schwimmbadwand mit Füßen und Knien hochzukriechen.
b) einen Klimmzug. (Da das Körpergewicht durch die Auftriebskraft des Wassers enorm reduziert ist, fällt es ihnen nicht schwer, sich sicher zu halten und den Körper anzuheben.)
c) bewußt »lange Arme« zu machen, d. h. sie senken Schultern und Gesicht langsam ins Wasser, bis nur noch Nase und Augen über Wasser reichen.

Abb. 19   Schwimmbadrand als sicherer Halt

Achtung! Viele Eltern greifen hier fälschlicherweise ein!
Die Babies möchten scheinbar ganz bewußt ausprobieren, wie weit sie sich absenken können, ohne ganz unterzutauchen. Denn wenn man sie lediglich beobachtet, ziehen sie sich selbst auch wieder hoch und wiederholen dasselbe. Wir sind natürlich in Zugreifposition, denn wenn die Babies die Hände lösen und tauchen, hebt man sie sanft hoch und legt ihnen erneut die Hände auf den Rand. Dadurch lernen sie – nach dem Prinzip des Selbstrettens: *Der Rand gibt mir sicheren Halt!*

⎯ Zum Rand tauchen

Es empfiehlt sich, diese schwierige Übung beim ersten Mal ans Ende der Übungseinheit zu nehmen.
Ein Elternteil sitzt am Rand, eine andere Person hält das Baby ca. 1 Meter vom Schwimmbadrand entfernt in Schwimmposition.

Der Elternteil am Rand lockt nun das Kind zu sich; wenn Blickkontakt zwischen den beiden da ist, läßt die Person, die hält, das Kind los. Dabei gibt sie dem Kind einen kleinen Vorwärtsschwung. Das Kind gleitet unter Wasser zum Rand hin. Der Elternteil am Ziel nimmt das Kind an, legt die Hände an den Rand. Dies ist ganz wichtig, weil das Kind sich später alleine halten soll. Dann läßt man es einen Moment verschnaufen. Heben Sie das Kind bitte lobend hoch.

— *Vom Rand lösen und wieder fassen*

Die Kinder halten sich mit beiden Händen am Rand fest. Wir ergreifen nun eine Hand. Die zweite Hand lösen die Kinder meistens anschließend selbst. Ziehen Sie nun Ihr Kind mit Schwung zu sich her. Halten Sie sich kurz an den Händen und nehmen Sie Ihr Kind zum Ausruhen in Körperkontakt. Nach einer beliebig langen Pause wiederholen wir das Halten am Rand.

Abb. 20   Gleiten über Wasser

—   *Schwimmhalte*

Wir stellen uns hinter die Babies und nehmen, nachdem sie den Rand fest gefaßt haben, ihren Körper in Schwimmposition: Man hebt den Körper des Kindes also so hoch an, daß er waagerecht unter der Wasseroberfläche liegt.

Am besten fassen wir das Kind von rückwärts an der Hüfte. Die Kinder halten sich dabei noch mit den Händen am Beckenrand fest. Manche machen lange Arme, und man hat den Eindruck, daß sie sich krampfhaft festhalten. Dann wird man die Händchen vorsichtig lösen.

—   *Abroller und Gleiten vom und zum Rand*

Eine schöne Kombination ist, wenn der Abroller vom Rand (siehe 5. Stunde) mit dem Gleiten zum Rand kombiniert wird. Also zuerst sitzen die Kinder am Rand und rollen dann, evtl. mit kurzem Tauchen, zu uns hin.

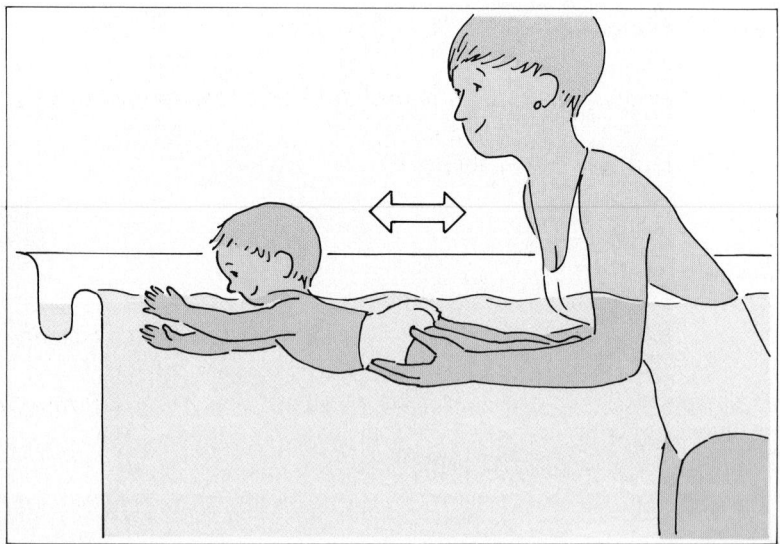

Abb. 21   Schwimmhalte zum Rand

Wir drehen sie rum und schieben sie wieder zurück. Am Rand halten sie sich kurz fest, bevor wir sie wieder auf den Rand setzen und wir wieder üben: vom Rand weg – zum Rand hin!

Treten Sie jetzt, mit dem Kind in Schwimmhalte, einen Schritt zurück. Sie stehen in einem geringen Abstand, ca. 0,50 m bis 1 Meter, vom Schwimmbadrand entfernt.

Machen Sie nun wieder einen Schritt vor und schieben Sie das Kleine wieder vorwärts auf den Rand zu, den es gleich wieder ergreifen soll.

Pause – Die Kinder halten sich wieder alleine fest.
Wiederholung – Kinder in Schwimmhalte nehmen, vom Rand lösen – zurückgehen – wieder zum Ausgangspunkt zurückschieben und halten lassen!

Nach mehreren Wiederholungen üben wir das Zurückgehen zum Rand mit Schwung, so daß eine Bugwelle vor dem Kind entsteht.

Zusammenfassung der 6. Stunde

Wiederholung – Übung aus der 2. Stunde, Armbewegung mit Anreizen der Armbewegung
Kontaktaufnahme

Übungen

Der Rand als sicherer Halt – die Wand hochklettern, Klimmzug, Absetzen
Vom Rand lösen und wieder fassen – Schwimmhalte, vom Rand weg zum Rand hin
Zum Rand tauchen

≡ 7. Stunde

Zu dieser Stunde bitte ich, daß möglichst beide Elternteile oder eine 2. Vertrauensperson des Babies anwesend sind; z.B. Großeltern, größere Geschwister oder enge Freunde der Familie. Diese Stunde ist eine schwierige Übungseinheit. Es geht heute um das sogenannte Streckentauchen. Hierbei soll eine Distanz von mindestens ca. 2 Metern vom Baby unter Wasser zurückgelegt werden.

— *Streckentauchen mit Annehmen*

Vater und Mutter (so genannt zur bildlichen Darstellung) stellen sich gegenüber, wie schon in der 4. Stunde beschrieben, beim Gleiten. Diesmal stellen Sie sich bitte wieder so auf, nur mit einem größeren Abstand. Dieser beträgt zunächst ca. 2 Meter, oder gehen Sie 2 Schritte auseinander.

Den Vater bezeichnen wir als *Ziel*, die Mutter als *Start*: Am besten nimmt zunächst einmal die Mutter (*Start*) das Kind mit Blickkontakt zum Vater (*Ziel*) mit sich. Sie hält es rückwärts am Becken bzw. am Brustkorb fest.

Der Vater ruft das Kind, lockt es, zu ihm zu kommen. Erst bei Blickkontakt gibt er das Kommando zum Untertauchen.

Die Mutter nimmt mit dem Kind eine Beugestellung ein, dabei braucht sie nicht einmal selbst unterzutauchen. Aber sie gibt dem Kind einen kräftigen Schwung in Richtung auf den Vater zu.

1. Manche Kinder verhalten sich jetzt sehr passiv. Sie lassen sich treiben vom Schub, den sie durch die Mutter erhielten. Sie warten ruhig ab, bis der Vater sie annimmt.
2. Andere Kinder machen sofort eine Drehung zur Mutter (*Start*) zurück. Ihnen erscheint der Startpunkt näher als das Ziel.

Zu 1. Bei weiteren Übungen kann der Vater unter Wasser ein kleines Stück zurückgehen oder einfach einen Moment länger warten, ohne das Kind anzunehmen, selbst wenn beide nur noch eine kleine Distanz trennt. Die meisten Kinder lernen: Wenn ich jetzt nichts tue, komme ich nicht an mein Ziel.

Zu 2. Die Mutter kann beim weiteren Versuch den Abschwung verstärken, so daß die Distanz zum *Ziel* kürzer ist als zu ihr, zum *Start*.

Die meisten Kinder tauchen durch diese Distanz mit aktiven Kraul-, Arm- und Beinbewegungen.

Wichtig!!! Beim Annehmen muß man alle Zielpersonen darauf hinweisen, die Babies immer ganz ruhig anzunehmen. Man kann demonstrieren, was passiert, wenn die Kinder hastig oder ängstlich oder zu fest gegriffen werden. Sie tauchen zunächst ruhig und werden durch das ruckartige Greifen erschreckt! Nach jeder langen Tauchphase sollte man eine Pause einlegen, um die Kinder nicht zu überanstrengen.

Bitte zwingen Sie Ihr Kind niemals zum Tauchen! Es soll die Freude am Babyschwimmen behalten!

—— *Einhandgrifftechnik in Bauchlage*

Diese Technik wird an der Sporthochschule Köln schon von Anfang an als Haltegriff empfohlen. Ich finde es besser, sie erst mit Fortgeschrittenen durchzuführen. Spüren Sie bitte selbst, warum:

Man stützt mit einer Hand den Brustkorb des Kindes, wobei auch die Balance reguliert werden soll. Daher sollte die Brust des Kindes von vorn mit der gesamten Hand umfaßt werden. Die Finger müssen dabei gespreizt sein, um so die Auflagefläche möglichst breit zu halten, damit das Kind auch bei lebhaften und ruckartigen Bewegungen nicht entgleitet. Jedoch soll die Hand nur so weit unter den Brustkorb des Kindes geschoben werden, daß es die Möglichkeit hat, sein Köpfchen auf die Handwurzel zu stützen.

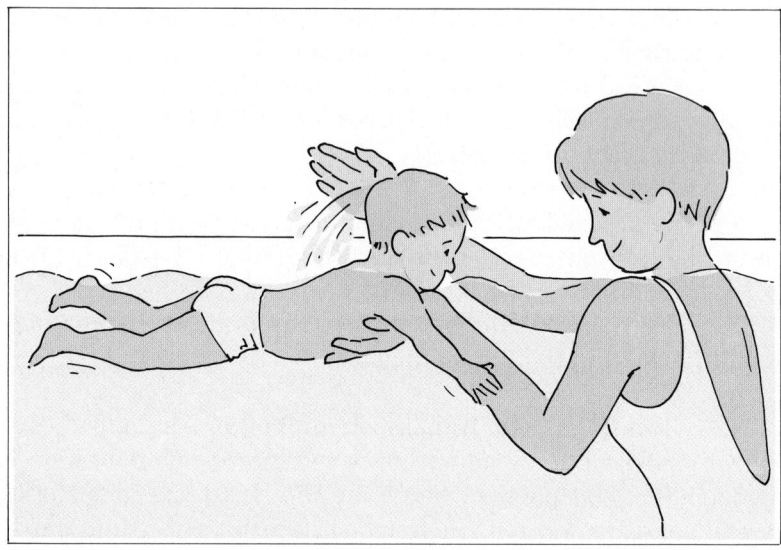

Abb. 22   Einen Wassermantel ums Kind bilden

Um das Kind ganz sicher zu stützen, kann man am Anfang die zweite Hand auf den Rücken des Kindes legen, bis man merkt, daß zum sicheren Halten die stützende Hand ausreicht.

Nach einiger Übung stellt man fest, daß durch den Auftrieb des Wassers die Gleichgewichtslage des Kindes zusätzlich stabilisiert wird. Mit der freien Hand sollte man Wasser über Kopf, Nacken und Rücken des Kindes schöpfen, damit der Temperaturausgleich zwischen Wasser und Luft hergestellt ist. Der Elternteil, der das Baby im Wasser hält, sollte so tief eintauchen, daß nur noch sein Kopf über Wasser ist. Auf diese Weise befinden sich beide auf gleicher Augenhöhe, und das Gesicht des Kindes, besonders der Mund, kann gut beobachtet werden, um unverhofftem Wasserschlucken vorzubeugen.

Wechseln Sie die Stützhand, Sie sind ja inzwischen nicht mehr so ängstlich wie zu Beginn. Da sind die meisten Eltern bei dieser Haltetechnik noch sehr verkrampft.

— *Gleiten über Wasser*

In der Pause kann man z. B. das Gleiten über Wasser wiederholen. Der Abstand zwischen Vater und Mutter ist verkürzt. Sie locken das Kind abwechselnd und schieben dann mit Schwung das Kleine zwischen sich hin und her. Dabei gleitet das Kind wieder auf die von den Elternteilen ausgestreckten Unterarme, wie auf Schienen.
Achten Sie aber trotzdem weiter darauf, daß Sie Blickkontakt mit dem Kind haben.
Nehmen Sie immer stärkeren Schwung beim Übergeben des Kindes an den Partner, bis eine Bugwelle vor Babys Brustkorb entsteht.

Loben Sie Ihr Kind nach jeder Phase des Rübergleitens und natürlich besonders nach dem Streckentauchen. Diese kleinen Menschchen vollbringen doch eine großartige Leistung, und sie bewegen sich ohne Ihre Hilfe, vielleicht erstmals.

— *Streckentauchen ohne Annehmen*

Wir stellen nun wieder eine größere Distanz in der Ausgangsstellung zueinander her. Also muß das Baby wieder eine Strecke von ca. 2–4 Metern bewältigen.

Die Mutter ist wieder der Startpunkt, sie taucht das Kind bei erfolgtem Blickkontakt zum Vater unter und gibt ihm einen Vorwärtsschwung oder -schub.

Der Vater taucht gleichzeitig mit dem Kind unter, allerdings greift er es diesmal nicht, sondern hält ihm seine Hände entgegen. Diese soll das Kind möglichst ergreifen.

Es hat dann das Ziel erreicht. Behutsam wieder fassen. Der Vater hilft ihm zur Wasseroberfläche.

Das Kind kann nun nach Pausen zwischen Vater und Mutter mit wechselndem *Start* und *Ziel* tauchen. Evtl. einmal mit Greifen und Gegriffenwerden, also mit und ohne Annehmen.

Achtung!!! Besonders bei dieser Übung werden sich große Unterschiede bei den Babies herauskristallisieren. Es gibt Kinder, denen das Streckentauchen großes Vergnügen bereitet, man hat das Gefühl, daß sie lieber unter Wasser als über Wasser sein mögen. Sie können schon nach kurzer Zeit die Tauchstrecke noch erweitern. Sie bewegen sich mit außerordentlicher Eleganz und Geschwindigkeit vorwärts auf ihr Ziel zu. Bei längeren Distanzen empfehle ich zunächst einem Elternteil, als sogenannter Copilot, der die Richtung ansteuert, mitzutauchen.

Andere Kinder weinen schon nach dem ersten Tauchversuch. Im Gegensatz zum Anfang haben wir schon einige Erfahrungen mit diesen Kindern: Sind sie immer noch etwas ängstlich und passiv? Haben sie vielleicht einen schlechten Tag? Oder mögen sie einfach nicht gerne tauchen, was es auch bei Erwachsenen geben soll. Wir versuchen, sie im Wasser zu beruhigen und mit anderen Übungen abzulenken; tauchen evtl. noch einmal vor dem Verlassen des Schwimmbads, nach Absprache mit dem Kursleiter.

Zusammenfassung der 7. Stunde

Streckentauchen mit Annehmen – Mutter (Start) – Vater (Ziel) Tauchdistanz ca. 2 Meter. Kind sanft an- und hochnehmen!

Gleiten über Wasser – Kurzer Abstand, das Kind auf Ihre ausgestreckten Arme gleiten lassen, ohne Tauchen.
Loben bitte nicht vergessen!

Streckentauchen ohne Annehmen – Wie oben, Ziel ergreifen lassen, z. B. Hand entgegenstrecken.
Achtung! Zwingen Sie bitte niemals Ihr Kind zum Tauchen!

Einhandhaltung in Bauchlage – Hand mit gespreizten Fingern unter den Brustkorb legen.

☰ 8. Stunde

Heute wollen wir den Abroller vom Rand (siehe 5. Stunde) erweitern. Es ist eine schöne Variante, das Kind von einer Badeinsel, das sind schwimmende Plastikinseln (Gigantos), zum Abrollen bzw. der Steigerung, dem Springen, zu ermuntern.

— Springen vom Rand

Zunächst wird das Kind an den Händen gefaßt und ohne Tauchen aus dem Sitz oder bei größeren Kindern auch aus dem Stand sanft ins Wasser gezogen.

Schrittweise wird das passive *Ins-Wasser-gezogen-Werden* abgebaut, indem meist nur noch an einer Hand gefaßt wird, bis das Kind schließlich freiwillig springt.

Viele Kinder können zum Springen zusätzlich motiviert werden, indem man sie vom Becken aus mit Wasser anspritzt und durch Gesten, Mimik und Worte zum Sprung ermuntert.

Äußert das Kind seine Lust am Springen, so sollte dieser Vorgang beliebig oft wiederholt werden. Dabei kann eine Bewegungsfolge: Gleiten – Tauchen zum Beckenrand – Herausklettern (evtl. mit Unterstützung) – Sitzen – Ausruhen – Springen angestrebt werden. (Erst am Ende der Stunde Distanzvergrößerung.)

— Gleiten von der Treppe

Ich möchte noch eine andere Möglichkeit des selbständigen Eintritts ins Schwimmbecken aufzeigen.

Viele Becken verfügen über eine mehr oder weniger große Treppe. Auf die Stufen kann man das Kind setzen.

Hier soll es so tief sitzen, daß es bis zu den Achselhöhlen im Wasser ist.

Durch das tiefe Eingetauchtsein treibt das Kind auf, achten Sie deshalb bitte auf seinen stabilen Sitz.

Falls es noch nicht alleine sitzen kann, muß sich am besten eine zweite Person hinter das Kind auf die Treppe setzen, um es zu stützen.

Locken Sie das Kind nun, indem Sie sich hinknien und so wieder auf Augenhöhe mit ihm sind. Der Abstand ist zunächst so kurz, daß es die Arme nur auszustrecken braucht, um Sie zu greifen.
Auch Sie können die Arme ausstrecken und das Kind zu sich hinziehen.

Das Ziel das Übung wäre, daß das Kind sich nach Ausstrecken der Arme mit den Füßen von der Treppe abstößt und so in Bauchlage zu Ihnen gleitet.

Hierbei empfehle ich, längere Zeit den Abstand zwischen Kind und Elternteil möglichst gering zu halten. Es ist höchstens ein ganz kurzes Tauchen beabsichtigt.

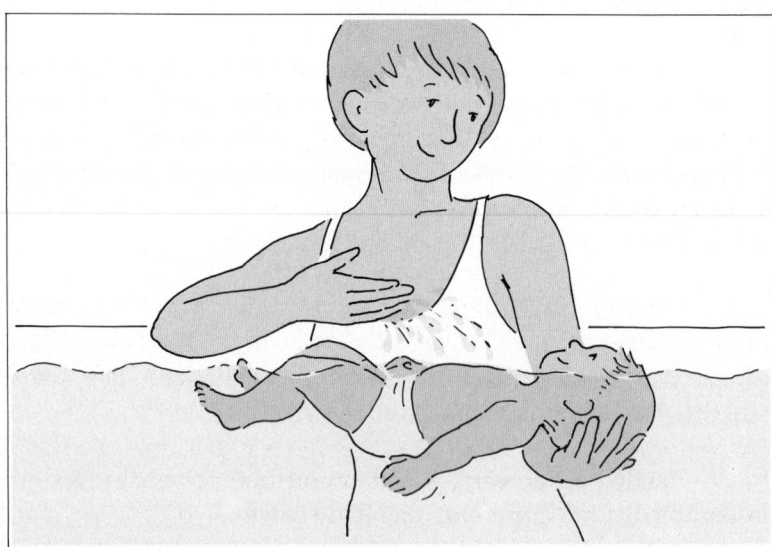

Abb. 23   Verringerte Haltetechnik in der Rückenlage

Abb. 24   Freie Stellen wieder mit Wasser befeuchten

Rückenschwimmen

Mit der haltenden Hand bildet man eine breite Fläche, die nur eben den Hinterkopf des Kindes stützt. Begünstigt durch die Auftriebskraft des Wassers kann man es so in einer schwebenden Lage halten und leicht führen. Ihre freie Hand sollte Wasser über die nicht eingetauchten Körperteile des Kindes schöpfen, um den Temperaturunterschied zwischen Wasser und Luft auszugleichen.

Während die meisten Kinder in der Bauchlage aktiv sind und meist heftig strampeln, liegen sie in der Rückenlage eher passiv, da sie hier weniger aufregenden Reizen ausgesetzt sind. Ein Mangel an Bewegungsreizen in dieser Lage wird für den Säugling auf die Dauer langweilig. Deswegen sollte man sich bemühen, ständig variierende Reize anzubieten. So kann man das Kind in verschiedene Richtungen, schnell oder langsam durch das Wasser ziehen oder schieben, kurz seine Hände und Arme berühren, über Bauch und Brust streicheln, gegen seine Fußsohlen drücken und den Gesichtskontakt und -abstand zum Kind ändern.

Kinder bevorzugen die Bauchlage. Die Rückenlage kann aber nach vorangehenden schwierigen Übungen, wie in dieser Stunde, zur Entspannung dienen.

Oft zeigen die Babies durch Drehbewegungen von selbst, daß sie lieber in die ihnen sichtlich angenehmere und wohl auch »spannendere« Lage zurück wollen, wenn man sie auf den Rücken gedreht hat.

Vom Rand weg – zum Rand hin

Jetzt wollen wir den Abroller oder das Springen vom Rand kombinieren mit dem Gleiten zum Rand.

Zunächst haben wir einen kleinen Abstand, dann aber vergrößern wir die Distanz kontinuierlich. Die Säuglinge können nun nach dem langen Vorüben schon ca. 10 Sekunden tauchen.

Zusammenfassung 8. Stunde

Springen vom Rand – Springen bzw. Abroller vom Rand.

Gleiten von der Treppe – Sitz (evtl. mit Stützen) auf der Schwimmbadtreppe, das Kind soll sich von einer Stufe abstoßen und zu Ihnen gleiten, möglichst ohne zu tauchen!

Rückenschwimmen zur Entspannung – Mit Richtungs- und Tempowechsel.

Vom Rand weg – zum Rand hin – Vom Rand springen oder rollen mit Distanzvergrößerung.

≡ 9. Stunde

— *Lustlosigkeit und Lernstillstand*

Am häufigsten merkt man nach der 8. Stunde, daß die Kinder auf einem sogenannten Lernplateau angelangt sind. Anders ausgedrückt: Sie ruhen sich auf ihren »Lorbeeren« aus.

Es sollen hier einige Anregungen gegeben werden, wie man sinnvoll mit dem Kind im Wasser spielen kann und welche Variationsmöglichkeiten des Spielens es gibt. Den kreativen und phantasievollen Wasserspielideen der Eltern sind keine Grenzen gesetzt, vorausgesetzt, sowohl das Kind als auch die Eltern haben Spaß daran.

Die Leitidee sollte dabei sein: Üben – Spielen – Lob, neue Reize setzen. Diese müssen sich regelmäßig abwechseln.

Dabei könnte eine Tätigkeit auf Kosten der anderen überwiegen. Viele Eltern neigen dazu, ihrem Kind immer wieder etwas Neues präsentieren zu wollen in der falschen Meinung, daß es dem Kind langweilig werden könnte. Nicht alle Kinder zeigen in ihrer Entwicklung im Wasser eine stetig aufsteigende Tendenz. Jedes Kind hat Phasen, in denen es stehen bleibt oder sogar Rückschritte macht. Das gilt auch für sogenannte Senkrechtstarter: Kinder, die ohne Probleme sofort tauchen, alle vorgegebenen Übungen freudig absolvieren und nach einiger Zeit lange Strecken tauchen. Sie werden von vielen bewundert und natürlich auch gerne vorgezeigt, aber auch bei diesen Kindern kommt es dazu, daß sie keine sichtbaren Fortschritte mehr machen.

Gründe für diesen scheinbaren Stillstand und die Lustlosigkeit, etwas Neues zu erlernen, sind die oben erwähnten sogenannten Lernplateaus: Neu erworbene Fertigkeiten und Eindrücke muß das Kind verarbeiten und in seine Verhaltens- und Erlebnisstruktur eingliedern. Dies beansprucht Zeit, da Neuerlerntes nicht einfach als ein weiteres Teilstück an bislang vorhandene Fertigkeiten angehängt wird. Vielmehr vollzieht sich eine mehr oder weniger tiefgreifende Umorganisation der gesamten leiblichen-seelischen Einstellung. Mit Geduld und

Abb. 25   Rückenschwimmen mit dem Baby auf dem Bauch

Verständnis ist diese Zeit zu überbrücken, d.h. Verzicht darauf, das Kind mit neuen Übungen und Reizen zu bedrängen. Statt dessen sollte das bereits Gelernte wiederholt, variiert und vertieft werden.

Manchen Eltern rate ich, ganz von vorne, ab der 1. Stunde nochmals aufzubauen oder zu spielen.

Außerdem sollte man sich immer vor Augen halten, daß die psychischen und physischen Fähigkeiten und Fertigkeiten bei Kindern im Säuglingsalter und Kleinkindalter sehr unterschiedlich sind und auch die Reaktion der Eltern nicht einheitlich ist.

Abb. 26   Jimmy, das Gummipferd

Spielanregungen

Gemeinsames Rückenkraulen

Nehmen Sie Rückenlage ein. Jetzt legen Sie das Kind auf Ihren unteren Brustkorb und versuchen Sie einmal, mit dieser Last selbst rückenzuschwimmen.

Ein gutes Training auch für Sie! Allerdings benötigt man ausreichend Platz.

Jimmy, das Gummipferd

Leichter fällt Ihnen dann sicherlich, wenn Sie sich Ihr Kind auf den Rücken legen.

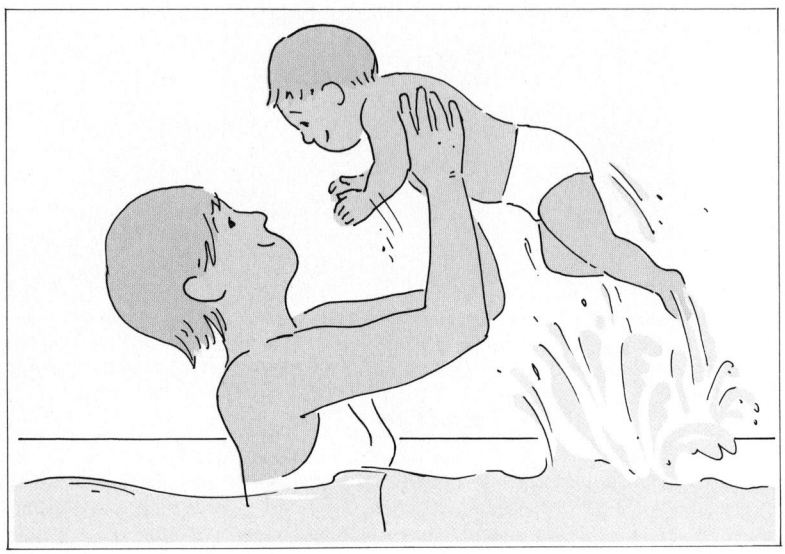

Abb. 27   Hochwerfen

Statt zu schwimmen kann man dann auch zunächst vorwärtshüpfen und dabei die Hände des Kindes festhalten. Es macht den etwas Größeren immer viel Spaß. Sie feuern ihre Eltern, spielerisch Gummipferd genannt, richtig an.

Dieses Spiel mache ich auch gerne mit einer Elterngruppe als Wettspiel. Versuchen Sie vielleicht auch einmal, mit dem Kind auf dem Rücken brustzuschwimmen.

Ganz mutige Mütter habe ich schon beobachtet, welche als Steigerung hierzu gemeinsam mit ihren Kindern auf dem Rücken tauchten.

Hüpfen – schwimmen – tauchen!

Turnen auf den Eltern

Fassen Sie Ihr Kind an beiden Händen und lassen Sie es im Wasser turnen. Es macht den Kindern großen Spaß, mit den Füßen auf Vaters oder Mutters Bauch zu klettern oder sich abzustoßen.

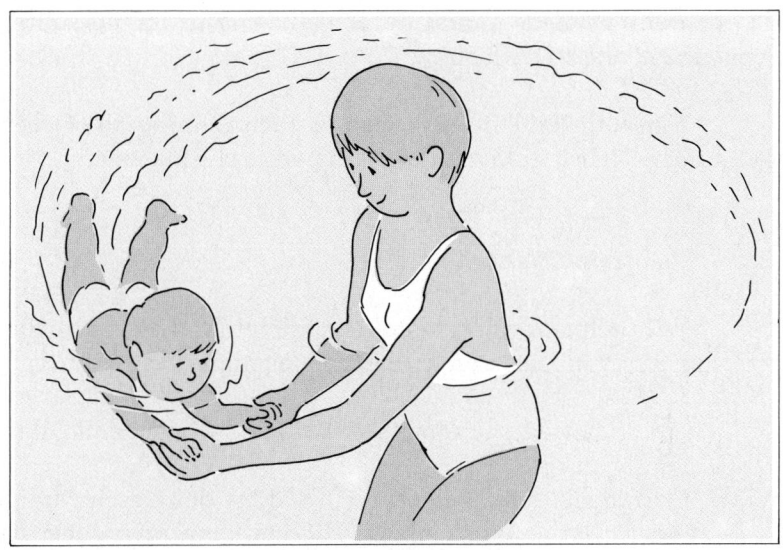

Abb. 28   Motorboot

— *Hochwerfen*

1. Werfen Sie Ihr Kind in die Luft und fangen Sie es kurz über Wasser wieder auf – als wollten Sie Ballspielen mit ihm.

2. Werfen Sie es wieder hoch – diesmal aber kurz eintauchen lassen und mit Schwung wieder hochheben.
Einigen Kleinen, die ansonsten gar nicht so gerne tauchen, macht dieses Spiel viel Freude!

— *Motorboot*

Mein Sohn hat diesem Spiel, sobald er sprechen konnte, den Namen »Motorboot« gegeben.

Wir fassen dabei beide Hände des Kindes und lassen es mit Schwung im Bogen um uns kreisen. Es schleift mit Bauch, Brust und Beinen durch das Wasser. Dies Spiel mögen Kinder oft so lange, daß man sie nach einiger Zeit einmal unter den Achseln halten sollte, um die Schultergelenke zu entlasten.

Anschließend steigert man je nach Gefallen die Geschwindigkeit, und natürlich muß man Motorengeräusche machen.

—— *Gemeinsam hüpfen*

Wir nehmen ganz engen Körperkontakt. Legen also die Kinderarme um unseren Hals und umarmen gleichfalls das Baby.

Jetzt hüpfen wir gemeinsam zuerst auf der Stelle, dann durch das Schwimmbecken.
Wir steigern dabei die Intensität, sowohl bei der Geschwindigkeit wie auch bei dem Bewegungsausmaß. Hierbei kann man auch wieder gemeinsam tauchen, allerdings ganz kurz und dann wieder hochhüpfen.

—— *Übungen im Sitzen bzw. Krabbeln im Planschbecken*

Nicht alle Schwimmbäder verfügen über einen Hubboden, wie in unserer Kinderklinik. Das ist die optimale Lösung, denn wir können die Wasserhöhe genau bestimmen.

Falls Sie nicht die Möglichkeit haben, gibt es vielleicht ein extra Kleinkindbecken, welches Sie bisher nicht genutzt haben. Für den Sommer können Sie ein kleines aufblasbares Becken kaufen. Manche Eltern stellen auch ein Planschbecken mit warmem Wasser im Kinderzimmer auf.

Hier gibt man den Babies nun die Möglichkeit, sich alleine zu bewegen. Sie drehen sich und krabbeln, selbst wenn sie an Land noch lange nicht krabbeln können, im Wasser klappt es schon.
Sie sitzen auch manchmal nur gerne im Wasser, patschen immerzu mit den Händen auf die Wasseroberfläche.

Es macht große Freude, ihnen zuzusehen. Heben Sie sie langsam auf, falls sie mal umkippen, meistens stemmen sie sich selbst wieder hoch.

Bitte, trotzdem nicht ohne Aufsicht lassen!

Zusammenfassung der 9. Stunde

Lustlosigkeit und Lernstillstand

Spielanregungen:
Gemeinsames Rückenkraulen – Das Kind liegt auf Ihrem Bauch, versuchen Sie einmal rückenzuschwimmen!
Jimmy, das Gummipferd – Das Kind liegt auf Ihrem Rücken:
a) gemeinsam hüpfen
b) schwimmen
c) tauchen – auch Gruppenspiel.
Turnen auf den Eltern – Hände des Kindes fassen und auf Ihrem Körper turnen lassen.
Hochwerfen – Das Kind wie einen Ball hochwerfen, ohne und mit Untertauchen auffangen.
Motorboot – An den Händen oder unter den Achseln gefaßt um sich selbst im Kreis drehen. Motorgeräusche machen!
Gemeinsames Hüpfen – Engen Körperkontakt, ähnlich einer Umarmung mit dem Kind, einnehmen. Intensität steigernd hüpfen, zunächst ohne, dann mit Tauchen. Zuerst im Stand und dann in der Fortbewegung.

Planschbecken – Selbständiges Spielen und Bewegen der Kinder bei geringer Wassertiefe.
Nicht ohne Aufsicht lassen!

≡ 10. Stunde

— *Ende des Babyschwimmkurses*

Wenn sie regelmäßig am Schwimmen teilgenommen haben, beobachtet man meist bei den Kindern großes Vertrauen zum Wasser und viel Freude an der Bewegungsmöglichkeit und beim Spielen. Außerdem genießen die Kinder das intensive Zusammensein mit den Eltern. Durch das Erlernen neuer motorischer Fertigkeiten wie Krabbeln und Laufen vergrößert sich der Aktionsradius nun ständig.

Vom Beckenrand gelingt der Sprung aus dem Stand, und auch die Tauchstrecken werden allmählich erweitert.

Des weiteren wird angestrebt, daß sie tauchend ein Ziel erreichen – Mutter, Vater, Beckenrand, Spielzeug etc.

— *Die Einjährigen*

Alle Eltern können mit ihren Babies die von mir in diesem Buch in 10 Übungseinheiten angegebenen Möglichkeiten so oft wiederholen, natürlich auch anders kombinieren und variieren, bis das Kind ca. 1 Jahr alt ist.

Bis zum Ende des ersten Lebensjahres wird das Kind das Untertauchen *gelernt* haben, d. h. der ursprünglich angeborene Reflex wird vor seinem Erlöschen in ein erlerntes Verhalten übergegangen sein. Während des Tauchvorgangs sind meist Augen und auch Mund des Kindes weit geöffnet. Dabei hat sich gezeigt, daß das Chlorwasser die Netzhäute nicht besonders reizt und eventuell im Mundraum gespeichertes Wasser nach dem Auftauchen wieder herausläuft.

Nach Abschluß des ersten Lebensjahres möchten die Kinder noch mehr das tun, was ihnen gerade einfällt. Sie zeigen uns stolz, daß sie lieber um das Schwimmbecken herumlaufen, statt darin zu schwimmen.

Somit sollte in dieser Entwicklungsphase ein neues Angebot auf sie zukommen.

Hierzu habe ich ein ganz neues Programm für Einjährigen-schwimmen und später für Kleinkindschwimmen erstellt. Es hat viele spielerische Aspekte und sogar schon Gruppenaktionen. Aber auch lie-bevolle Spiele für Eltern und Kind.

Nach und nach *Wiederholung* aller Übungen aus den letzten 9 Übungseinheiten.

Bitte keinen falschen Ehrgeiz – das Kind braucht an dieser Stelle nicht, wie von mir beschrieben, das Kursprogramm durchlaufen zu haben. Auf keinen Fall sollte man die eigene Erwartungshaltung so auf das Kind übertragen, daß man es zwingt. Haben Sie Geduld mit Ihrem Kind!

Wichtig ist es auch, daß Eltern nur positiv reagieren und nie durch eigene Unmutsäußerungen dem Kind zu verstehen geben, daß es ihre Erwartung nicht erfüllt. Eine Negativeinstellung überträgt sich auf das Kind und nimmt ihm sehr oft Mut und Freude am Schwimmen!

—   *Hangeln am Beckenrand oder an der Haltestange*

Wir halten uns neben unserem Kind an der Haltestange, wenn nicht vorhanden am Beckenrand. Senken Sie sich so weit, daß Sie beide sich auf einer Höhe befinden, also hocken Sie z. B. die Beine an.

Machen Sie dem Kind einmal zunächst die von ihm vollführten Bewegungen nach: Klimmzug – am Beckenrand hochsteigen – untertau-chen – sich mit einer Hand halten.

Beginnen Sie sich jetzt ganz langsam von dem Kind zu entfer-nen. Hangeln Sie sich am Rand oder der Stange fort und locken Sie es, mitzukommen. Es macht die Kinder ungeheuer stolz, wenn sie Ihnen selbständig folgen können.

— *Kinder mit Schwimmhilfe*

In den meisten Fällen haben die Kinder inzwischen ein besseres Balancegefühl, so daß sie mit einer Schwimmhilfe, entweder Schwimmreifen oder Schwimmring, auskommen.

Alle Eltern schieben ihre Kinder, sozusagen zum Abschiednehmen, zusammen in die Beckenmitte. Gehen Sie bitte alle von der kleinen Kindergruppe zurück. – Ob sie uns noch brauchen?

— *Kinngriff*

Wir halten das Kind mit einer Hand unter dem Kinn fest. Das mögen *alle* nicht sehr gerne, daher lassen wir sie einfach los, und sie tauchen. Inzwischen zählen wir etwa bis 5, ergreifen sie wieder unter dem Kinn und holen sie hoch.

Die Kinder ziehen tief und intensiv Luft ein; falls sie sich nicht melden, d. h. schreien, wiederholen wir den Vorgang so lange, bis sie

Abb. 29   Profigriff

lieber von alleine hochkommen, anstatt unter das Kinn gegriffen zu werden!

Dies ist ein sogenannter *Profigriff*. Ganz wenige Kinder können, oder besser, wollen dies bewältigen; es sind wirklich bis zum ersten Lebensjahr seltene Ausnahmen.

Sollte es Ihnen gelingen, dies mit Ihrem Kind durchzuführen, dann kann Ihr Kind alleine schwimmen, im wahrsten Sinne des Wortes.

Es taucht unter, bewegt sich auf ein von ihm gesetztes Ziel zu, hebt die Nase kurz zum Luftholen an die Oberfläche und taucht dann wieder ein. Holen Sie es bei den ersten drei Tauchvorgängen noch hoch, pausieren Sie. Dann immer größere Distanzen zurücklegen lassen.

Lassen Sie Ihr Kind nie ohne Aufsicht.

Ich lasse diesen Griff von allen Eltern an ihren Kindern versuchen, vielleicht klappt es nicht sofort, dafür aber etwas später, wenn das Kind besonders viel Freude und Vergnügen am Tauchen zeigt.

═ Zusammenfassung der 10. Stunde

Ende des Babyschwimmens

Die Einjährigen

Wiederholung aller bisherigen Übungseinheiten

Hangeln am Beckenrand oder an der Haltestange

Kinder mit einer Schwimmhilfe – Im Kreis zusammenschieben und selbständig agieren lassen.

Kinngriff – ist ein Profigriff
Kind unterm Kinn fassen – loslassen und Tauchen – wieder heben mit Halt unterm Kinn etc.

Kleinstkinderschwimmen

*Ein Kurs für
ein- bis dreijährige Kinder*

Sinn des Kleinstkinderschwimmens

Bei Vollendung des ersten Lebensjahres erlöschen beim Baby die angeborenen Primitivreflexe. Einer dieser Reflexe ist der Atemschutzreflex, den wir uns beim Babyschwimmen zum Tauchen und somit frühestmöglichen selbständigen Bewegungen zunutze gemacht haben. Der genaue Zeitpunkt ist bei jedem Baby unterschiedlich, jedoch wird vermutet, daß dieser Reflex sich ungefähr um den 12. Lebensmonat zurückbildet. Bei Babyschwimmern kann der Atemschutzreflex noch lange erlernt funktionieren. Solche Kinder müssen aber ohne Unterbrechung am Schwimmen teilgenommen haben (mindestens 1 × wöchentlich).

Weiterhin beobachtet man, daß die Kinder ab dem ersten Lebensjahr, wenn sie frei laufen können, ihre Bewegungswahl gerne selbst treffen wollen. Sie wollen üben und nicht mehr beübt werden. Deshalb sollte man sie nicht ständig stören, sondern nur versuchen, sie zum Mitmachen zu animieren. Bei manchen Übungen haben die jüngeren Kinder der Gruppe auch schon mal Schwierigkeiten oder andere haben einfach keine Lust.

In meinen verschiedenen Übungseinheiten wird versucht, die Kinder bereits an Gruppenaktionen zu beteiligen. Hierbei habe ich die besondere Begeisterung der Mütter gespürt und bemühe mich auch weiterhin, neue Übungen als Gruppenübungen zu konzipieren. Des weiteren wird spielerisch versucht, mit dem Wasser und gegen den Wasserwiderstand zu arbeiten.

Die Muskulatur der Kinder wird gekräftigt, Ausdauer und Abhärtung gefördert, die Atmung angereizt, Gelenke und Wirbelsäule schonend trainiert. Natürlich versuchen wir auf freies Schwimmen hin zu üben –, was aber bis jetzt nur selten bei noch nicht zweijährigen ehemaligen Babyschwimmern gelang.

Kontaktfreudigkeit spürt man in diesem Alter bei fast allen Kindern, außerdem einen ungeheuren Bewegungsdrang – beides kann man sinnvoll im Wasser ausnützen und steuern.

Die Förderung der Mutter-Kind-Beziehung kommt nicht zu kurz. Es wird zu intensiven Körper-Kontakten zwischen den beiden angeregt, aber auch zum gemeinsamen Erleben und Entspannen.

Nach der Nähe sollte dann das behutsame Lösen erfolgen.

Besonders interessant ist es, den Kleinen einmal als stiller Beobachter zuzusehen. Deshalb lassen Sie sich bei allen angebotenen Übungen Zeit, nur die Kreativität der Kleinen zu beobachten. Viele Übungen habe ich bei ihnen abgesehen.

Besonderes
Wichtig für das Nachvollziehen der Kursabläufe wäre, ein Schwimmbecken mit Hubboden zu haben, da ich mit verschiedenen Tiefen gearbeitet habe. Dies gestaltet die ganze Sache natürlich interessanter.

Haben Sie diese Möglichkeit nicht, dann müßten Sie sich für die Laufhöhe ca. 50 bis 80 cm ins Nichtschwimmerbecken begeben. Für die Schwimmhöhe 1,30 cm das Schwimmerbecken benützen. Haben Sie lediglich nur eine Wasserhöhe zur Verfügung, so sind Sie natürlich an eine gewisse Auswahl von Übungen gebunden.

Wichtig!
Informieren Sie sich immer über die Wasserqualität. Achten Sie darauf, daß das Schwimmbecken wenig Chlorgas enthält. Je weniger das Becken benutzt wird, um so geringer ist der Chlorwert. Die Gesundheitsämter haben ein waches Auge darauf, sobald Babyschwimmen oder Kinderschwimmen öffentlich angeboten wird. Wir sollten dafür dankbar sein. Noch nie habe ich, sogar bei zu Ekzemen neigenden Kindern, Klagen gehört.

Die Chlorung oder Ozonzugabe ist wichtig, damit das Wasser keine Keime enthält und Urin neutralisiert wird. Dem großen Geschäft wird mit einem eng sitzenden Höschen vorgebeugt.

══   Lehr- und Übungsmittel

Bei den folgenden Übungsvorschlägen finden Sie einiges mit Übungs-Geräten. Das eine oder andere wird Ihnen sicherlich fehlen, vor allem, wenn Sie diesen Kurs in Eigenregie durchführen. Aber sicher können Sie das meiste improvisieren. Einen Ball hat jeder, und es braucht auch kein Gymnastikstab zu sein – es tut ein Besenstiel.

Zum Schluß mache ich sogar auch Übungen mit einem Badetuch. Es brauchen auch keine Holzreifen aus der Gymnastik sein, nehmen Sie einen Hulla-Hupp-Reifen.

Kaufen Sie auch eine Spielgießkanne. Dies ist das begehrteste Übungsmittel überhaupt. Ebenso wichtig sind Schwimmhilfen und Schwimmflügel.

≡ Kursverlauf

Für das Einüben der Kurseinheiten empfehle ich Ihnen in jedem Fall, eine Gruppe zu bilden. Fragen Sie mal in einem Spielkreis oder bei einer Krabbelgruppe nach. Am schönsten ist eine Gruppenstärke von 6 bis 10 Kindern.

Nachfolgend wird Ihnen eine Kurseinheit von 8 Unterrichtsstunden vorgestellt, wobei die Anzahl beliebig erweitert werden könnte, da ich zu jeder Einheit viele Möglichkeiten angeboten habe, um eine große Auswahl zu bieten. Wenn Sie aber, wie vorher besprochen, den Kindern mehr Freiraum lassen wollen, wird Ihnen sicherlich manchmal die Hälfte der angebotenen Übungen genügen. Lesen Sie deshalb am besten auch die Kurs-Einführung zum »Babyschwimmen« auf Seite 11 ff.

Für Eltern, die den Kurs »Babyschwimmen« nicht kennen, habe ich auch noch einige Übungen aus diesem Kursverlauf eingebaut. Für Babyschwimmer ist es ein Wiederholen, für Kleinstkinderschwimmer jedoch ein Neueinüben.

Sehr genau waren wir bei dieser Gruppe mit der Pünktlichkeit, sei es beim Beginn und auch zum Ende der Einheit, die aus etwa 40 Minuten intensivem Spielen und neuen Erfahrungen besteht.

Meistens habe ich gar nicht wahrgenommen, wie schnell die Zeit vorbei war, so interessant war es auch für mich.

≡ 1. Stunde

Wir begrüßen uns alle – schauen uns in Ruhe alles an. Ich zeige den Kindern und Eltern die Räumlichkeiten, z. B. die Toiletten, den Schwimmbadhubboden etc. Anfänger reagieren manchmal sehr zurückhaltend und ängstlich.

— *Gemeinsames Duschen*

Nun wollen wir zur Tat schreiten – das heißt, wir gehen unter der Dusche hin und her. Nach dieser Mutprobe gebe ich einigen Kindern den Schlauch mit den Duschköpfen (wenn vorhanden) in die Hand. Sie werden sehen, wie gerne sich die Kinder jetzt von anderen Kindern duschen lassen. Natürlich werden gleich alle geduscht. Wer keine Lust zu dieser ersten Gemeinsamkeit hat, den kann man mit der Spielzeuggießkanne begrüßen. Die Spielzeuggießkanne ist ein ganz wichtiges Trainingselement, für viele Kinder wurde sie unentbehrlich. Sie dient als Trost (zum Begießen), als Zugelement für Gleitübungen.

Abb. 30   Gemeinsames Duschen

— Am Rand sitzen und strampeln

Jetzt setzen wir uns alle nebeneinander an den Rand. Die Mütter zeigen, wie man mit den Beinen strampelt. Die Kinder bemühen sich, es genauso feste nachzuahmen. Besondere Freude haben die Kleinen, wenn Sie als Kursleiter sich vor ihre gestrampelten Wellen stellen.

— Wassertiefe ca. 80 cm

Einige Kinder wollen nun ins Wasser; hier lassen wir sie zunächst einmal gegen den Wasserwiderstand gehen. Teilweise fällt ihnen das ganz schön schwer, vor allem, wenn sie schneller werden wollen oder gar laufen möchten.

Kinder, die noch unsicher laufen oder auch Kinder, die orthopädische Spreizschienen außerhalb des Wassers tragen, sollten erst an der Hand laufen, die Unsicherheit gibt sich dann aber schnell. Trotzdem muß man auf diese Kinder immer ein größeres Augenmerk bei eigenen Aktivitäten haben.

— Gummiring aufheben
(Gemeint ist ein professioneller Tauchring, bleibeschwert)

(Sie können statt des Gummirings auch mit dem Fuß die geliebte Gießkanne z. B. auf den Boden bringen.) Die Kinder bekommen jetzt den Gummiring in die Hand. Diesen legen wir auf den Boden und fordern sie auf, ihn aufzuheben. Sie tun es sehr geschickt, ohne unterzutauchen. Sie drehen den Kopf aufs Wasser und machen einen ›langen Arm‹. Wir werfen ihn für sie in Sichtweite, und sie sind stolz, wenn sie ihn zurückbringen.

— Ins Wasser pusten

Wir zeigen den Kindern, wie man mit dem Mund ins Wasser pustet, was vielen sehr schwerfällt oder auch mißfällt. Interessanter wird es für die Kleinen, wenn man mit dem Mund Geräusche in und mit dem Wasser verursacht, z. B. blubbert oder Flippergeräusche macht.

— *Wasserschlacht*

Die Mütter beginnen eine Wasserschlacht, die Kinder machen alle sofort begeistert mit. Natürlich suchen sie sich auch andere Opfer aus. Versuchen Sie, die aktive Bewegung der Gruppe über längere Zeit zu erhalten.

— *Raushangeln bei Wassertiefe 1,30 m*

Die Kinder halten sich am Rand fest, dabei senke ich den Hubboden ab, so daß die Kinder nicht mehr stehen können. Sie lernen so nochmal, wie beim Babyschwimmen: *Am Rand festhalten bedeutet Sicherheit.*

Abb. 31   Am Rand festhalten bedeutet Sicherheit.

Alle sollen sich raushangeln.

Die Mütter oder Väter gehen mit den Kleinen auf Augenhöhe und zeigen ihnen so die Aktivität des Hangelns.

Zum Abschluß ist besonders geeignet:

— *Die Polonaise*

Stimmen Sie dazu ein geeignetes Kinderlied an.

— *Brücken bauen (Kinder können im Wasser stehen)*

eignet sich auch als Schlußübung. Mutter und Kind heben die Arme zu einem Bogen, die nächsten werden aufgefordert, hindurchzukriechen (besser etwas tauchen).

Mutter und Kind kriechen durch und stellen sich hinten an – so entsteht ein Torbogen. Dies ist ein Spiel, das erst 2jährige verstehen. Alle anderen Kinder machen mit, aber eher widerwillig.

Trotzdem ist es ein eindrucksvolles Spiel für das Ende der 1. Stunde oder jeder weiteren Stunde.

Hinweis für Kursleiter – Bringen Sie als Abschluß der Stunde eine stimmige, eindrucksvolle Übung, möglichst als Gruppenaktion. Die Eltern erhalten so noch einmal einen Hinweis über richtiges Verhalten und gehen frohbeschwingt aus der ersten Stunde.

Versuchen Sie, den Eltern alle Übungen vorzumachen, und unterstützen Sie sie weiterhin im Programmablauf.

=====   ## Zusammenfassung der 1. Stunde

Begrüßung – Kinder unter der Dusche hin und her gehen lassen, gegenseitig duschen, oder mit der Spielgießkanne begießen.

Am Rand sitzen und strampeln – Mütter und Kinder sitzen nebeneinander am Rand und strampeln mit den Beinen im Wasser. Beintraining!

Gegen Wasserwiderstand – Die Kinder gehen bzw. laufen gegen den Widerstand des Wassers.

Ring vom Boden aufheben – Gummiring soll vom Boden hochgehoben werden.

Wasserpusten – Wir zeigen, wie man mit dem Mund Geräusche oder Blubbern im Wasser machen kann.

Wasserschlacht – Aktive, ausdauernde Wasserschlacht. Armtraining!

Randhangeln – Mit Halt am Rand bei Schwimmhöhe (1,30 m) raushangeln. Rand = Sicherheit, auch bei Stand- bzw. Stehhöhe.

Schluß-Spiele – Polonaise oder Brücke bauen.

Abb. 32   Trinkröhrchen pusten

2. Stunde

Trinkröhrchen pusten

Wasserhöhe ca. 80 cm

Für die zweite Übungseinheit habe ich für alle Kinder und Mütter Trinkröhrchen gekauft, damit wir nochmal versuchen können, ins Wasser zu pusten. Besser gelingt es den Kleinen, das Wasser zu trinken. Wenn man sie nun zum Blubbern auffordert, geht es besser.

Strampelkonzert

Wassertiefe wird während der Übung auf 1,30 m gesenkt.

Wir halten uns rückwärts am Rand fest. Alle machen mit den Beinen ein Strampelkonzert. Vielleicht kann man dabei noch laut rufen, schreien oder singen. Machen Sie also einmal richtig Krach!

Alle Kleinen strampeln begeistert mit, obwohl sie viel Spritzwasser abkriegen. (Am Ende der Stunde wird die Übung wiederholt.)

— *Übungen gegen den Wasserwiderstand*

Die 4 Faktoren der Hydrotherapie (Wasserheilkunde)

a) Der Wasserwiderstand ist einer der 4 Faktoren, die im
Schwimmbad auf uns wirken. Der Widerstand ist unterschiedlich groß,
je nach Angriffsfläche (z. B. ist der Widerstand beim ganzen Arm stärker
als bei nur eingetauchter Hand). Dann besteht noch ein Unterschied in
der Schnelligkeit der Bewegung. Gehen Sie langsam durch kniehohes
Wasser, werden Sie sich leichter tun, als wenn Sie laufen wollen.

b) Auftriebskraft des Wassers: Der im Wasser befindliche Körper wiegt nur noch 10 Prozent seines Körpergewichts (Archimedisches
Prinzip). Dies macht man sich besonders bei gelähmten Patienten zunutze.

c) Temperaturen des Wassers haben einen entscheidenden
Einfluß auf den Körper. Beim Kleinstkinderschwimmen haben wir meistens eine indifferente Wassertemperatur, also 34 Grad. Indifferent bedeutet: weder kalt noch warm.

d) Hydrostatischer Druck: Er umgibt den Körper wie ein Wasserkorsett. Eine Studie hat ergeben, daß leichte Wirbelsäulenverbiegun-
gen allein durch dieses Wasserkorsett reguliert werden. Nachweislich
nimmt der Bauch- und Brustumfang um einige Zentimeter ab. Die
Atmung und die Gefäße werden gleichfalls komprimiert. Deswegen ist
das schnelle Verlassen des Schwimmbades für Kreislauflabile gefähr-
lich.

Die folgenden Übungen beziehen die Mutter intensiv mit ein,
eine Übungsstunde, die mir viel Lob einbrachte. Anscheinend macht es,
wie schon im Vorspann erwähnt, viel Freude, gemeinsam als Gruppe zu
üben.

— *Die Übungen*

1. Mit den Kindern auf der Stelle hüpfen. Bis zur Nase eintauchen.

2. Die Kinder mit Blickkontakt vor den Bauch halten und mit ihnen quer durchs Becken hüpfen. Die Kinder erfahren jetzt mit ihrem Rücken den Wasserwiderstand.

Abb. 33   Den Wasserwiderstand spüren

3. Seitstand: Die rechte Hüfte zeigt zur gegenüberliegenden Seite. Das Kind nun auf Ihre rechte Hüfte setzen und mit tiefen Seitschritten durchs Wasser gehen bis zur anderen Seite.
   Jetzt Seit- bzw. Hüftwechsel und wieder als ganze Gruppe zurückgehen.

4. Als Steigerung seitliches Laufen.

Abb. 34   Gemeinsames Schwimmen

5. Gemeinsam, mit den Kindern auf dem Rücken, schwimmen und tauchen. Den meisten Eltern fällt Brustschwimmen leichter, obwohl sie beim Rückenschwimmen die Kinder besser beobachten können. Wichtig ist, daß die Kinder sich festhalten, denn am Anfang rutschen sie häufig ab.

— *Strampelkonzert*

Noch einmal das rückwärtige Halten am Rand wiederholen und die Kinder auffordern, wieder zu strampeln. Dabei stehen die Mütter bei den Kinderbeinen und zeigen den Kindern einen anderen Beinschlag oder kitzeln sie unter den Füßchen. Natürlich freuen sich die Kinder, jetzt die Mütter naßzuspritzen.

Abb. 35   Wasserspielzeug greifen

— *Wasserspielzeug greifen*

Halten Sie die Kinder unter dem Kinn in Bauchlage; sie sollen ein Wasserspielzeug greifen. Diese Übung nie lange machen, denn niemand läßt sich gerne unter dem Kinn halten!

— *Schwimmsprosse*

Die meisten Schwimmbäder verfügen heute über Sprossen. Am einfachsten ist es, die Kinder mit dem Brustkorb aufzulegen und sie frontal zu halten.

Dann kann man sie auch mit den Händen halten lassen, sollte aber immer noch vorn zum Sichern der Hände bleiben. Denken Sie an das Anhocken der Beine bei den Kindern.

Die Rückenlage ist die schwierigste Variante, aber viele schaffen es trotzdem, sich hinter das Kind zu stellen und den Hinterkopf zu sichern. Die Kindern halten allein mit den Händen die Schwimmsprosse und schwimmen in Rückenlage.

Ringel Rangel Rose

Ein Kreis- und Tauchspiel zum Schluß: Sie kennen alle das Kinderlied »Ringel, Rangel, Rose«; fassen Sie sich zum Kreis alle an und singen laut. Zum Schluß heißt es: »Übermorgen Lämmlein schlachten, das soll sagen Mmäääähh«, und dann tauchen Sie alle!

Zusammenfassung 2. Stunde

Trinkröhrchen pusten – Ins Wasser pusten oder blubbern.

Strampelkonzert – Rückwärts festhalten, kräftig mit den Beinen strampeln!

**Wasserwiderstand erfahren –
Übungen als Gruppenspiel von einer Seite zur anderen –**
1. Hüpfen auf der Stelle, 2. Kinder vorm Bauch, 3. Kinder seitlich auf die Hüfte, 4. mit Kindern schwimmen, tauchen.

Wasserspielzeug greifen – Kinnhalte und Wasserspielzeug greifen lassen. Nie lange üben!

Schwimmsprosse – Mit Brustkorb auflegen, mit Händen fassen, Schwimmhalte, Rückenlage und Rückenschwimmen frei.

Ringel Rangel Rose – Kreis- und Tauchspiel.

Abb. 36   Das Gleichgewicht ausbalancieren

3. Stunde

Übungen mit Schwimmhilfen

Bei Kindern dieses Alters reichen normale Schwimmflügel vollkommen aus. Bei den unter einem Jahr alten Kindern muß man fast ausschließlich, wegen des Abkippens des Körpergewichts nach vorn oder hinten, noch zusätzlich einen Schwimmring verwenden.

Wenn man am Anfang etwas Kinnstütze gibt, haben die Kleinen ganz schnell die Gleichgewichtssituation geklärt. Um ihnen dabei zu helfen, habe ich Übungen entwickelt, welche Eltern und Kindern gleichermaßen Freude bereiten.

Einige Kinder haben Balanceprobleme. Dies fällt besonders auf, wenn die Gruppe diese Übung beherrscht und nur wenige nicht dazu in der Lage sind. Hier muß man die Eltern ermutigen, länger zu üben und nicht gleich aufzustecken. Ich habe in meiner ganzen Praxis allerdings noch keine nicht begeisterten Eltern erlebt, wenn ihr Kind sich erstmals selbständig mit seinen Schwimmflügeln bewegen kann. Stellen Sie den Eltern dieses Ziel als lohnend dar; Sie selbst werden sich auch freuen!

Hier noch ein kleiner Hinweis aus der Praxis.

1. Legen Sie bereits zu Hause einmal die Schwimmflügel an, um den Sitz auszuprobieren. Sie sind dann Ihrem Kind in der Schwimmstunde nicht mehr fremd.

2. Die Dauer der Schwimmhilfenübungen soll unter keinen Umständen die Hälfte der Badezeit überschreiten, weil die Kinder sich sonst zu sehr daran gewöhnen.

3. Lösen Sie sich oft von den Kindern. Beobachten Sie sie einmal in ihrer Selbständigkeit, bei Steh- und Schwimmhöhe. Es gefällt allen sehr gut, einmal nur mit der Kindergruppe etwas zu unternehmen.

4. Ängstliche und weinende Kinder halten wir zunächst in Körperkontakt und lassen evtl. das Lösen vorerst weg.

5. In jeder Übungsstunde sollten jetzt einmal kurz die Flügel benützt werden. Hierbei stellen wir fest, daß die Kinder eine immer größere Fertigkeit erreichen. Sie trainieren enorm ihre Muskulatur und ihr Koordinationsvermögen. So kann man bei einigen in jeder Übungsstunde die Luft aus den Schwimmflügeln reduzieren.

— *Rückenschwimmen*

Schieben Sie den Kindern die Hände von rückwärts unter den Brustkorb – Finger dabei leicht spreizen – jetzt ziehen Sie die Kleinen rückwärts in Wellenform durchs Wasser. Da die Kinder nach wie vor meistens die Bauchlage bevorzugen, empfehle ich Ihnen, Motorgeräusche zu imitieren. So macht diese Übung mehr Spaß.

Nach einiger Zeit brauchen Sie nur noch den Kopf zu halten.

— *Fußkontakt – Begrüßung*

Nehmen Sie mit Ihrem und einem anderen Kind Fußkontakt auf. Zwei Kinder mit den kleinen Füßen zusammenbringen. Sie lachen sich dabei an, strecken ihre Füße zueinander aus, manchmal wollen sie sich dann zusätzlich auch noch die Hände reichen. Offensichtlich freuen sie sich über solche Kontakte.

Empfehlung
Ich habe diesen Fußkontakt auch als Kennenlernspiel für Mütter und Kinder angeboten. Die ganze Gruppe wechselt mit den Füßen, alle nennen ihren Namen bzw. den der Kinder so lange, bis sich alle bekannt gemacht haben.

Bei einer sich anfangs völlig fremden Gruppe also eine gute Idee, dies an den Beginn des Kurses zu setzen.

— *Rutschen*

Wir haben in unser Becken hinein eine kleine Rutsche. Zum Schluß dürfen die Kinder noch einmal rutschen. Ins Wasser zu rutschen, erfordert weitaus mehr Mut als an Land.

Man muß bei den unter zwei Jahre alten Kindern den Hinterkopf schützen. Die meisten Kinder können erst ihr Gewicht gegen die Fliehkraft nach vorn halten, wenn sie mindestens das zweite Lebensjahr erreicht haben.

Zunächst sollten Sie als Mutter das Kind noch über Wasser auffangen. Etwa beim 3. Mal läßt man sie aber eintauchen und hilft ihnen dann behutsam wieder hoch.

—   *Balance tippen*

Um ein Kind in Schwimmposition zu bringen, können Sie es einfach an den Stellen antippen, die zu sehr aus der Balance geraten. Geben Sie den Kleinen immer kurz Hilfestellung, aber lassen Sie sie ihr Gleichgewicht auch selbst ausprobieren (siehe auch Seite 28).

—   *Küßchen-Spiel*

1. Vorwärts im Schwimmbecken: Zuerst geben wir den Kindern die Hände, man ruft jetzt: »Komm her, Küßchen!« und zieht sie mit Schwung zu sich her. Hier gibt's dann das versprochene Küßchen.
    Nun schubsen wir sie wieder weg und wiederholen: »Komm, Küßchen!« Nachdem wir ihnen oft genug die Hände gereicht haben, sollen die Kinder aus eigenem Antrieb versuchen, uns zu erreichen.

2. Rückwärts: Jetzt nehmen Sie die Füßchen der Kinder vor den Bauch, beugen Ihre Knie in Froschhalte oder Kniebeuge. Fast automatisch strecken die Kinder die Knie, sonst kann man mit einer Hand nachhelfen.
    Man zieht sie wieder an den Füßen zu sich her und wiederholt »Komm her, Küßchen«.
    Nach einigem Üben kann man ihnen einen so kräftigen Schwung geben, daß sie rückwärtstreiben.

3. Kombiniert: Man beginnt die Kinder mit den Füßen wegzudrücken – also rückwärts – und ruft dann, indem man ihnen die Hände entgegenstreckt, »Komm her, Küßchen«. Die Kinder müssen sich nun selbständig drehen, um an die Hände zu gelangen.

Abb. 37   Wasserball-Spiel

—   *Wasserball-Spiel (mit und ohne Flügel)*

Wir legen einen großen Ball in die Mitte des Beckens und schieben die Kinder zum Kreis zusammen. Alle versuchen an den Ball zu kommen. Dadurch werden sie zur Armbewegung angereizt, die sonst etwas zu kurz kommt, weil die Arme durch die Flügel behindert sind. (Abbildung aus dem Babyschwimmen.)

Dies kann man mehrmals wiederholen.

—   *Seepferdchen*

Dies ist eine zusätzliche Übungseinheit in der 3. Stunde, falls die Kinder sich sicher mit den Schwimmflügeln bewegen und Spaß daran haben. Vielleicht heben Sie es sich aber auch für eine spätere Stunde auf. Die folgende Anleitung möchte ich Ihnen aber schon geben: Wir lassen immer mehr Luft aus den Flügeln. Die Kinder müssen kräftig arbeiten und tauchen mehr, als sie schwimmen. Die Eltern sollten etwas

Kinnhalte geben. Die Kinder werden nun auf einer immer größeren Strecke zum Rand hin gelockt.

»Mit Speck fängt man Mäuse«, als Kursleiter habe ich eine Nascherei oder Spielzeug als kleines Geschenk für alle diejenigen mitgebracht, die es bis zu mir an den Rand schaffen. Man sollte hier aber ganz konsequent nur echtes Bemühen belohnen.

Ermutigen Sie auch die Eltern, wenn es gut geht, weiter zu probieren, denn dann könnten die Kindern eigentlich »Schwimmen«.

—   Zirkeltraining

Dies ist eine wunderschöne Möglichkeit, viele Dinge üben zu lassen, die sonst anders dargeboten werden.

Ich erkläre den Eltern 6 Stationen, die geübt werden sollen.

1. Ecke halten. Das Kind soll rückwärts in eine Ecke gebracht werden und sich mit den Händen bzw. Unterarmen festhalten. Die Eltern fordern die Kinder nun auf, ihnen die Hände zu geben.

2. Hangeln. An der Stange oder am Rand entlang hangeln bis zum nächsten Ziel.

3. Füße heben, wieder Rückwärtshalte, z. B. an der Stange Füße heben und strampeln lassen. Das fällt vielen Kindern am Anfang schwer; wenn sie den Bogen aber raushaben, sind sie sehr begeistert bei der Sache.

4. Zum Rand hin. Die Kinder gleiten ein kleines Stück selbständig zum Rand. Hier werden sie angenommen und sehr gelobt.

5. Nun werden sie aufgefordert, wieder reinzuspringen, und wir wiederholen die Übung 4.

6. *Turmspringen*. Hier benütze ich eine Mauer, die ca. 1 Meter über dem Wasser liegt, ansonsten stellen Sie etwas in dieser Höhe an den Rand. Die Kinder springen aus dieser Höhe teilweise lieber als vom Rand.

Achtung!!! Eine Strudelbildung nach dem Tauchen erschwert den Eltern die Sicht zum getauchten Kind. Es reagiert überhaupt schlecht oder unsicher. Oft bin ich schon nachgesprungen, weil die Eltern das getauchte Kind nicht greifen konnten.

Zusammenfassung 3. Stunde

Übungen mit Schwimmhilfen – Allgemeine Hinweise – Balance tippen.

Küßchen-Spiel – Vorwärts, rückwärts, kombiniert.

Wasserballspiel – Kinder zum Kreis schieben, Ball in die Mitte legen.

Seepferdchen – Immer mehr Luft aus den Flügeln rauslassen, bis zum freien Schwimmen.

Rückenschwimmen – Kinder in Wellenform durch das Wasser bewegen.

Fuß-Kontakt
(Kennenlernspiel für die 1. Stunde) – Jeweils zwei Kinder nehmen mit ihren Müttern Fußkontakt auf!

Rutschen – Rutschen mit und ohne Untertauchen – Hinterkopf schützen!

Zirkeltraining – Übungen werden vom Rand aus vorgezeigt.
Eine prima Stundengestaltung, wenn der Kursleiter mal nicht mit ins Wasser kann!
Übungen Ihrer Wahl oder auch andere Möglichkeiten!

≡ 4. Stunde

— *Brustschwimmen üben*

In Bauchlage legen wir das Kind mit dem Brustkorb auf unseren rechten Unterarm, unsere rechte Hand umfaßt den linken Oberarm des Kindes. Mit unserer linken freien Hand können wir jetzt auch noch eine zusätzliche Hebelwirkung ausüben: Wir drücken das Gesäß tiefer ins Wasser, besonders wenn das Kind zu weit mit dem Gesicht ins Wasser taucht.

Ein Wassermantel sollte den Rücken umgeben, das heißt, daß er von Wasser umgeben sein muß.

Der Haltearm wird von Zeit zu Zeit gewechselt, in unserem Beispiel also zum linken Arm wechseln. In dieser aufgeführten Halteposition haben die Kinder optimale Arm- und Beinfreiheit.

Wir nehmen dazu ein Spielzeug zu Hilfe und legen es in Sichtweite des Kindes. Um an das Spielzeug zu gelangen, führt es bald eine Armstreckung in Form eines Kraulschlags durch. Es lernt, wenn Arme und Beine bewegt werden, daß es dann das Ziel schneller erreicht. Aus diesem Grunde bewegen sich die Kinder bald rhythmisch mit Armen und Beinen. Man schiebt nach Erreichen des Spielzeugs dieses wieder fort, und schon beginnt das Kind seine Anstrengung von neuem.

— *Gruppenspiel mit Spielzeug*

Gleiche Haltetechnik wie zuvor beschrieben. Alle Kinder bekommen jetzt ein Spielzeug in die Mitte des Beckens gelegt, und wir schieben die Kinder zusammen. Sofort entsteht ein munteres Wasserspiel. (Auch mit dem Pezziball zu üben.)

Abb. 38   Im Gymnastikreifen

— *Holzreifen*

Heute haben wir Gymnastikreifen mit im Wasser.

Zuerst versuchen wir, die Kinder mit dem Brustkorb so darauf zu legen wie bei früheren Bademeister-Schwimmringen, bei denen das Kind in solch einem Ring liegen mußte, um Schwimmen zu üben. Der Schwimmeister konnte mit einer dazugehörigen Stange vom Rand aus steuern.

Zuerst sind die Kinder fast alle etwas ängstlich. Das legt sich aber schnell, wenn die Kleinen merken, wie sicher sie sind.

Manche Kinder halten sich auch mit beiden Händen fest und lassen sich durchs Wasser ziehen. Achten Sie bitte hierbei auf die Ermüdung der Arme: also Ruhephasen einschieben!

—   *Gemeinsames Hüpfen und Tauchen*

Mutter und Kind hüpfen ausgelassen und tauchen dann beherzt kurz unter.

—   *Reifenspiele*

Wasserhöhe ca. 50 cm

Durchkriechen

Holzreifen aufstellen, die Kinder auffordern, durchzukriechen. Wenn die Kleinen eine Hand am Ring haben können, tun sie das recht gut. Prima klappt es, wenn zwei Mütter einen Ring senkrecht halten und zwei Kinder durchgehen können.

Schaukeln

Etwas für Mutige: Setzen Sie das Kind wie bei einer Schaukel auf den Reifen, und schaukeln Sie es im Wasser.

Torbogen

Alle Mütter reihen sich mit je einem Reifen auf und fordern die Kinder auf, durch alle Reifen zu klettern. Dies klappt erfahrungsgemäß nur mit den älteren.

—   *Eisenbahn*

Wasserhöhe = Stehhöhe für Kinder
Mutter und Kind sind jeweils abwechselnd im Reifen. Einer zieht jeweils den anderen. Dabei gefällt es den Kindern, wenn man Eisenbahngeräusche macht.

Zuerst geht man langsam im Tempo des Kindes mit; hält sich das Kind gut fest, nimmt man Schwung und zieht es rückwärts laufend in Schwimmlage!

Abb. 39   Reifenspiele

— *Im Nest sitzen*

Wasserhöhe, so daß die Kinder sitzen können.

Mutter und Kind sitzen gemeinsam im Reifen, haben sozusagen ein Nest. Das gefällt beiden meistens sehr gut und ist schön zum Ausruhen.

Abb. 40   Brustschwimmen

Zusammenfassung 4. Stunde

Brustschwimmen – besondere Haltetechnik, gewährt viel Sicherheit und Bewegungsfreiheit!

Spielzeug greifen – einzeln oder als Gruppenspiel.

Gymnastikreifen – Brustschwimmhalte, festhalten mit den Händen.

Gemeinsames Hüpfen und Tauchen

Reifenspiele – 1. Durchkriechen, 2. Schaukeln, 3. Torbogen

Eisenbahn – ziehen, laufen, schwimmen.

Im Nest sitzen – Mutter und Kind sitzen im Reifen.

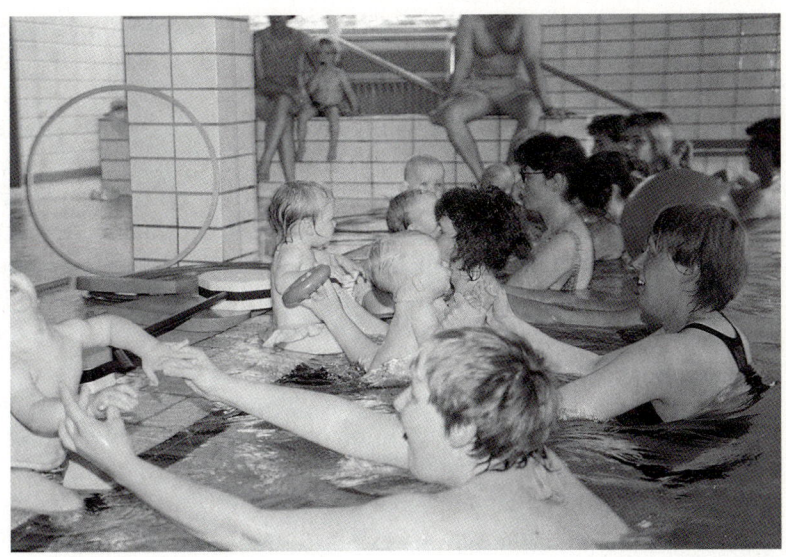

Abb. 41   Vom Schwimmbeckenrand ins Wasser

5. Stunde

Abroller vom Rand

Setzen Sie Ihr Kind dazu an den Schwimmbadrand. Sie selbst stehen im Schwimmbecken. Während das Kind sich am Rand umschaut, machen Sie ihm die Beinchen naß. Zeigen Sie ihm sein Lieblings-Spielzeug und versuchen Sie, es ins Wasser zu locken. Probieren Sie, das Kind so lange zu locken, bis es Ihnen von allein die Arme entgegenstreckt.

Natürlich ruht es sich dort auch aus und beobachtet gleichzeitig aus seiner erhöhten Position die anderen Kinder und Mütter.

Die Übung:
1. Zunächst hält man das Kind an den Unterarmen fest und läßt es ins Wasser abrollen. Dies macht den Kleinen meistens viel

Spaß. Je nach Höhe vom Rand zum Wasserspiegel machen die Kleinen beim Auftreffen aufs Wasser einen kleinen Bauchklatscher.

2. Man läßt die Kinder selbständig vom Rand abrollen und noch, ohne zu tauchen, auf ihre Arme fallen. Meistens genießen die Kleinen dieses Spiel sehr und wollen es unendlich wiederholen.

3. Nun vergrößern die Müttern den Abstand bis zu dem am Rand sitzenden Kind. Sie locken es wieder, zu kommen. Wir beginnen mit einem kleinen Abstand (ca. 1 m) zum Rand. Nach dem Reinrollen taucht das Baby unter, und die Mutter nimmt es sanft hoch.

4. Weitere Distanzveränderung entsprechend der Tauchbegeisterung des Kindes durch Vergrößern des Abstandes.

Der Abroller ist ein wichtiger Schritt zum »Selbstretten«. Wir haben diese Übung aus dem Babyschwimmen übernommen. Es ist eine Übung für den Notfall, damit das Kind keine Panik hat, sondern ein Ziel ansteuern lernt.

Ich konnte feststellen, daß Kleinstkindschwimmer nach langem Üben im Abroller erlernen, beim Auftreffen aufs Wasser die Luft anzuhalten.

Beachten Sie bitte noch die folgenden Punkte, dann wird Ihnen das Abrollen viel Spaß machen!
Bei den ersten Malen darauf achten, daß Ihr Kind noch nicht mit dem Gesicht ins Wasser gerät. Erst wenn sie sich gut und gerne abrollen, lassen Sie das Kind kurz nach dem Abrollen untertauchen und heben es lobend wieder hoch!

—   *Übungen in Schwimmhilfen*

Zum Ausruhen nach dieser recht schweren Übung legen wir den Kindern wieder die Schwimmflügel an. Diesmal wollen wir sie ganz selbständig rumsuchen und -üben lassen. Fordern Sie sie immer mal wieder auf mit »Komm her, Küßchen«.

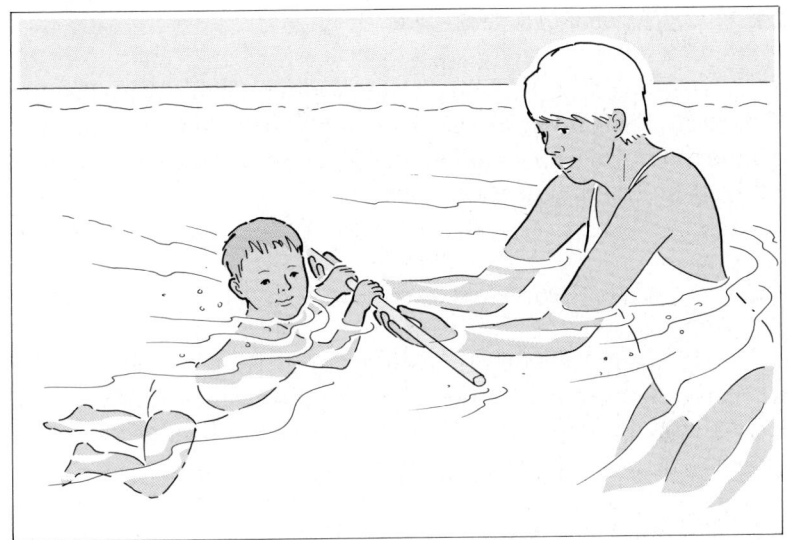

Abb. 42   So wird das Kind durch das Wasser gezogen.

Stäbe zum Festhalten

Wasserhöhe zum Laufen ca. 50 cm

Heute nehmen wir zum Erreichen der Schwimmhalte die Gymnastikstäbe, also Holzstäbe. Natürlich tut es auch ein normaler Besenstiel.

Achtung!! Bitte achten Sie auf Verletzungsgefahr. Der Besenstiel sollte überall glatt sein und keine Splitter haben.

Achten Sie dabei auf Ihre Kinder! Die Kinder ergreifen begeistert einen Stab und schlagen ohne jede Vorwarnung um sich. Seit dieser Erfahrung ermahne ich die Mütter immer, eine Hand mit am Stab zu halten.

Nehmen Sie den Stab zwischen Ihre beiden Hände. Heben Sie Ihr Kind etwas an zur Kontrolle, daß es sich gut festhält, dann ziehen Sie es sehr schnell rückwärts in Schwimmposition. Vorher können Sie natürlich erst langsam durchs Wasser gehen. Fordern Sie das Kind doch einmal auf, auf Sie zu zeigen.

— *Elternübung mit Holzstäben*

Prima klappt diese Übung, wenn an jeder Seite des Stockes ein Elternteil festhalten kann. Ich habe feststellen können, daß es den Kindern dann noch einmal so viel Freude macht, von beiden Eltern in Schwimmlage gezogen zu werden.

— *Ball zuwerfen*

Diesmal bekommen Mutter und Kind jeweils einen Ball. Sie werden aufgefordert, sich den Ball zuzuwerfen. Die Mütter informiere ich zusätzlich, den Ball so zu werfen, daß die Kinder viel Spritzwasser abbekommen. Wellentechnik im Spiel!

— *Kriegen spielen*

Wasserspiegel nur noch ein Zentimeter hoch
Wir laufen gegen den Widerstand – jetzt spielen wir Fangen: Jeder kriegt jeden.

Abb. 43   Ball zuwerfen

— *Schlafen*

Wasserhöhe einige Zentimeter, wie im Planschbecken.
Die Mütter fordern die Kinder auf, sich hinzulegen und auszuruhen. Einmal auf dem Bauch, einmal auf dem Rücken. Allerdings wollen die Kleinen das nur machen, wenn die Mütter sich neben die Kinder legen.

Nach dem »Aufwachen« nehmen wir die Kinder an der Hand und laufen noch einmal gemeinsam durchs Wasser.

— *Jimmy, das Gummipferd*

Wasserhöhe wieder Schwimmhöhe
Zum Ende dieser für die Kinder sicher recht anstrengenden Stunde wollen wir noch ein schönes Wettspiel machen.

Die Eltern legen oder setzen die Kinder wie Reiter auf ihren Rücken. Dann stellen sich alle in eine Reihe an den Beckenrand. – Auf das Kommando »Auf die Plätze, fertig, los!« gehen Sie zuerst alle mit großen Schritten durchs Wasser. Die Kleinen als Reiter auf Ihrem Rücken feuern Sie dabei an. Wer zuerst die andere Seite erreicht hat, hat gewonnen.

Bei der nächsten Runde sollen die Eltern hüpfen, mitsamt den Kindern auf dem Rücken. Beim nächsten Mal Laufen gegen den brusthohen Widerstand des Wassers. Dies ist sehr schwer für die Teilnehmer. Es macht Freude, der Gruppe zuzusehen. Alle Eltern sind nachher müde, während man den Kindern ansieht, daß sie noch nicht genug haben.

Als sehr schwere Variation kann man die Eltern versuchen lassen, mit den Kindern auf dem Rücken zu schwimmen oder gar zu tauchen. Außerdem kann man bei manchen Gruppen Ausscheidungskämpfe zwischen den Eltern durchführen, besonders wenn viele Väter mitmachen.

Wenn jemand als letzter auf der anderen Seite, also am Ziel, ankommt, scheidet er aus.

Zusammenfassung 5. Stunde

Abroller vom Rand – Kinder sitzen am Rand und geben selbst den Impuls, zu Ihnen zu kommen. Festhalten der Arme.

Über Wasser – Danach mit Bauchklatscher auf Ihre Arme! Jedoch noch ohne Untertauchen!

Unter Wasser – Erst wenn die Kinder den Abroller vom Rand sicher ohne Tauchen können, sollen Sie heute mindestens einmal mit kurzem Untertauchen üben.

Mit Distanz – Sollte es sehr gut klappen, kann der Abstand nach Belieben erweitert werden.

Freies Schwimmen mit Schwimmhilfen – Die Kinder sollen ohne unseren Halt sich selbständig durch das Becken und zu uns hin bewegen.

Stäbe zum Festhalten – Ziehen, gehen und laufen in Schwimmposition bringen.

Elternübung mit Holzstäben

Ball zuwerfen – Wellentechnik im Spiel.

Kriegen spielen.

Schlafen – Rücken- oder Bauchlage einnehmen.

Jimmy, das Gummipferd – Wettspiel der Gruppe mit Kindern auf dem Rücken.

6. Stunde

Abroller erweitert

a) Wir beginnen wie in der 5. Stunde mit dem Abroller. Also setzen wir die Kinder an den Rand, während wir schon im Schwimmbekken sind, und fordern sie auf, nachzukommen.

Die Kinder ohne Tauchen ins Wasser kommen lassen.

b) Jetzt faßt die Mutter das Kind, welches wieder am Rand sitzt, mit gestreckten Armen und zieht es mit Schwung, während sie rückwärts läuft, in der Schwimmlage durchs Wasser. Dies tut sie, bis sie die andere Seite erreicht hat. Hier dreht sie das Kind so, daß es auf dem Rücken zurückgezogen wird. Sie zieht das Kind vor sich her, bis sie wieder die andere Seite erreicht.

Die Kinder werden zum Ausruhen auf den Rand gesetzt.

c) Wettspiel. Alle Mütter ziehen die Kinder auf Kommando vom Rand los zur anderen Beckenseite, drehen dort in die Rückenlage und ziehen zurück. Wer das Kind als erstes wieder auf dem Rand sitzen hat, hat gewonnen.

Kombination des Wettspiels

Die Eltern stellen sich auf Lücke auf.

Eine Gruppe steht z. B. auf der rechten Seite. Dies ist die Gruppe, bei der die Kinder zuerst auf dem Rand sitzen und die mit der Bauchschwimmlage beginnen. Die zweite Gruppe steht z. B. auf der linken Seite, und die Kinder beginnen in Rückenlage.

Nachdem beide Gruppen alles wiederholt geleistet haben, steht der Gewinner fest.

— *Schwimmflügel*

Wiederum zum kurzen Ausruhen, vor allem der Ärmchen, geben wir den Kindern Schwimmflügel.

1. Füße ergreifen und wegschubsen. Vorsichtig beim Dosieren des Schwungs rückwärts. Manche Mutter hat zuviel Schwung nach hinten gegeben. Dann tauchen die Kinder rückwärts unter. Das mögen aber alle nicht gern, wir übrigens auch nicht.

2. Drehen Sie die Kinder dann in Bauchlage. Nehmen Sie die Füße wie bei einer Schubkarre und schieben Sie die Kinder nun vor sich her.

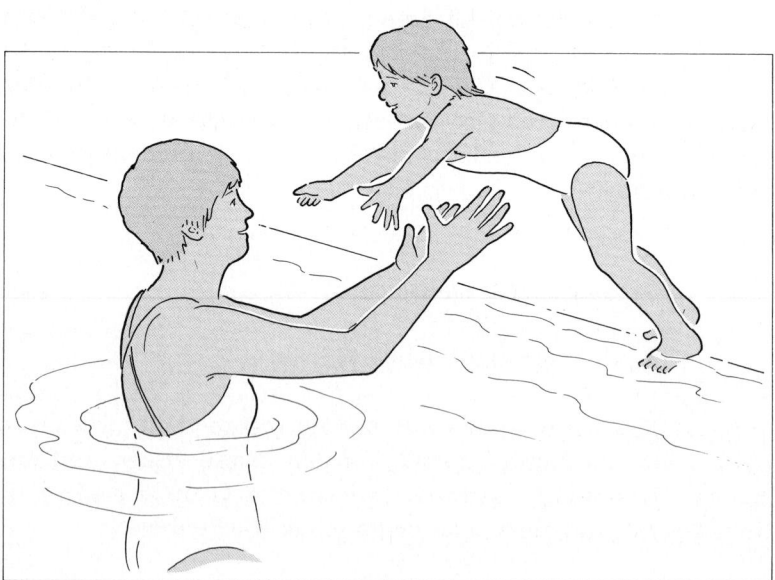

Abb. 44   Vom Beckenrand ins Wasser springen

— *Vom Rand reinspringen*

Die Kinder stehen am Rand, wobei eine Aufsichtsperson hinter ihnen stehen muß, denn manche machen sich gerne selbständig und »laufen« los. Hier gibt es leicht Unfälle, die Kinder rutschen aus und schlagen auf die glatten Fliesen.

Das Kind steht am Rand, und die Mutter im Schwimmbecken streckt ihm die Arme entgegen. Sie fordert es auf, in ihre Arme zu springen. Bald sind die Kinder so mutig, daß sie selbst Schwung aus den Knien nehmen, die Mutter also weiter wegstehen kann.

Man kann die Kinder auch mit Schwimmhilfen oder Schwimmflügeln springen lassen.

— *Von der Mauer springen oder von einem 1-Meter-Brett*

Zur Steigerung gehen die Kinder auf eine kleine Mauer, von wo aus sie wieder in Mutters Arme springen. Eintauchen läßt sich hier nicht vermeiden. Sehr ängstliche Kinder lasse ich so lange zusehen, bis sie selbst anzeigen, daß auch sie springen möchten.

— *Häschen in der Grube*

Wasserhöhe ca. 80 cm. Kinder stehen bis zum Hals im Wasser
a) *Vorübung*. Mütter und Kinder fassen sich an den Händen und hüpfen; zuerst zusammen, dann abwechselnd. Die Mütter tauchen unter, die Kinder schauen fasziniert zu. Hier zeigte sich, daß Kinder mit Babyschwimmen-Erfahrung sofort mitmachen. Sie folgen ihren Müttern unaufgefordert und kichern, wenn sie hochkommen. Sie wiederholen die Übung selbständig, während Kinder ohne Babyschwimmkurs ausgesprochen erstaunt reagieren.

b) *Spiel*. Sie kennen alle das Lied »Häschen in der Grube saß und schlief«. Wir schließen einen Kreis: abwechselnd je eine Mutter, ein Kind. Die Mütter gehen in einer Kreisrichtung durchs Wasser und singen dabei das Lied. Durch das ungewohnte Singen sind die Kinder offensichtlich perplex. Sie schauen erstaunt in die Runde. Am Ende des Liedes heißt es »Häschen hüpf«; jetzt hüpfen und tauchen alle.

Die Mütter haben offensichtlich Spaß am gemeinsamen Singen und Hüpfen, während viele Kinder abwartend reagieren. Dann lasse ich die Kreisrichtung ändern und wiederhole das Spiel bis zu 3mal (siehe auch »Ringel Rangel Rose« Seite 82).

c) Manche Kinder wollen dann wieder etwas anderes tun. Andere wiederum fordern ihre Mutter durch Sing-Sang und Drehen auf, mit ihnen weiterzuüben. Tatsächlich klappt es jetzt zu zweit, ähnlich wie bei der Vorübung, ganz prima. Nur daß wir uns jetzt noch einmal zum gemeinsamen Lied mit unserem Kind allein drehen.

—— *Feuerwehr spielen mit dem Wasserschlauch*

Schwimmbecken noch ca. 50 cm höherstellen
Fast alle Schwimmbecken besitzen am Rand einen Wasserschlauch. Diesen habe ich den Kindern gegeben. Natürlich habe ich ihn angeschlossen und »Wasser marsch!« befohlen. Proben Sie es einmal aus, was jetzt passiert. Man kann auch einen Pezziball anspritzen und treiben lassen. Als erstes wurde ich natürlich naßgespritzt, dann die jeweils dazugehörende Mutter und dann alle anderen. Die Decke des Schwimmbades wurde nicht vergessen.

Nach einiger Zeit habe ich dann das Wasser abgestellt und alle Kinder aufgefordert, den Schlauch zu transportieren. Sie glauben nicht, wie viel Gemeinschaftssinn nun erwachte. Alle Kinder der Gruppe hielten den Schlauch fest und bewegten ihn durchs Wasser. Sie hoben ihn über den Kopf und gingen darunter durch. Natürlich freuten sie sich, als es wieder hieß: »Wasser marsch!« Übrigens, es war eiskaltes Wasser!

Abb. 45   »Wasser marsch!«

Aufräumen

Lange Zeit konnten die Kinder mit dem Schlauch spielen. Nun
bringen sie ihn mir zurück zum Aufräumen. Dazu sollten Sie die Kinder
sowieso immer mit einbeziehen. Sie lernen so in der Gemeinschaft, daß
man Dinge, mit denen man gespielt hat und nicht mehr benötigt, auch
wegräumt. Die Mütter freuen sich!

Abb. 46   Das Schwimmbrett

—   *Schwimmbrett zum »Auto« spielen*

Jedes Kind erhält ein Schwimmbrett. Sie spielen damit Auto! Den meisten Kindern fällt es noch schwer, sich darauf zu legen und nur mit den Beinen zu strampeln. Sie sollten das Brett mit festhalten und beim Draufklettern das Kind unterstützen. Wenn es sich nun gut festhält, ziehen Sie es in Schwimmbrustlage.

—   *Ein Wettspiel mit dem Schwimmbrett*

1. Alle Eltern stehen auf einer Seite. Die Kinder liegen auf dem Schwimmbrett. Auf ein Startkommando hin schieben alle Eltern die Kleinen möglichst schnell zur anderen Beckenseite.

2. Auf die andere Seite des Schwimmbretts wechseln und gemeinsam wieder zurückschwimmen.

Zusammenfassung 6. Stunde

Abroller erweitert – Einfacher Abroller vom Rand.

Wettspiel – Kinder vom Rand in Schwimmlage ziehen, von einer Randseite zur anderen und zurück in Rückenlage.

Schwimmflügel – Wegschubsen (Vorsichtig bei der Dosierung des Abschwungs), Schubkarre.

Vom Rand reinspringen – Stand am Rand, das Kind soll in die Arme springen!

Mauer oder Ein-Meter-Brett – Aus der Höhe wieder zur Mutter runterspringen. Bitte, das Kind nie zwingen!

Häschen in der Grube – 1. Vorübung: Gemeinsam hüpfen und tauchen, 2. Großgruppe geht im Kreis mit Singen. 3. Zu zweit, also Mutter und Kind, Hände fassen, gemeinsam singen!

Wasserschlauch – ausprobieren! Feuerwehr spielen, den Ball treiben.

Aufräumen – Die Kinder alle benötigten Geräte aufräumen lassen!

Schwimmbrett – Auto spielen lassen, Bauch auflegen! Wettspiel veranstalten.

≡ 7. Stunde

Wasser in Gehhöhe für die Kinder – also ca. 50 cm

— Pusteblume

Für das spätere Schwimmen der Kinder ist es wichtig, das richtige Atmen zu lernen. Deshalb macht man einige Vorübungen.

Viele Möglichkeiten habe ich ausprobiert, z. B. Pusten gegen leichte Gegenstände. Das einfachste war für die Kinder, die leichten Schwimmflügel fortzublasen.

— Kreise drehen

Ich senke den Wasserspiegel, mache eine flotte Musik und bitte die Mütter, mit ihren Kindern zu tanzen: Mutter und Kind drehen Kreise. Es kommt richtig Stimmung auf. Das Wasser wogt, die Kinder jauchzen, und auch die Mütter scheinen die Bewegung zu genießen.

— Autoscooter

Dieses Spiel habe ich durch meinen Sohn Benjamin gelernt. Wenn wir ihn an den Händen hielten und mit Schwung um uns drehten, juchzte er vor Vergnügen. Dabei kann man den kleinen Körper mal kurz abheben vom Wasser und dann wieder reinsenken.

Freude macht es den Kleinen auch, wenn man sie um andere Kinder herumzieht, also ähnlich wie bei einem Autoscooter. Kinder mögen es besonders, wenn wir dazu passende Geräusche machen.

Abb. 47   In Wellenform durchs Wasser ziehen

— *Baum fällen*

Ich lasse mich der Länge nach ins Wasser fallen und fordere die Kinder auf, es auch zu tun. Die Kleinkinder schauen mich erstaunt an. Die wenigsten verspüren Lust, diese Übung nachzuvollziehen.

Erst als die Mütter es genau wie ich machen, versuchen es manche Kinder auch.

— *Handtuch halten*

Dies ist das beste Beispiel, um Ihnen zu zeigen, wie viele Übungen durch Zufall entstehen. Ein großes Badetuch war ins Schwimmbekken gefallen, ein Kind versuchte es aufzuheben, die Mutter ebenfalls und hielt das Handtuch. Nach kurzer Zeit hielt das Kind sich so am Handtuch fest, daß ich die Mutter bitten konnte, das Kind in Schwimmhalte zu ziehen. Sie nahm Schwung auf und zog ihr Kind in Wellenform durchs Schwimmbad.

Abb. 48   Einen Stern bilden

— *Stern bilden*

1. Die Gruppe
Je eine Mutter und ein Kind bilden wieder abwechselnd einen Kreis. Wir ziehen jetzt die Kinder so zusammen, daß wir ganz eng stehen. Also vorwärts in Bauchschwimmlage. Dann gehen wir wieder auseinander, dabei ziehen wir die Kinder zurück in Rückenschwimmlage.

Die Kinder haben den Sinn des Spiels bald erkannt. Sie wollen überhaupt nicht mehr aufhören.

2. Die Eltern
Wenn beide Elternteile anwesend sind, können beide das Kind an den Händen fassen. Nun mit ihm ähnlich wie in der Großgruppe üben.

Achtung: Bei aller Begeisterung – beachten Sie, daß Sie das Kind die ganze Zeit an den Händen halten und es das Kind entsprechend anstrengt.

Abb. 49   Den Stern auflösen

3. Einzeln

Ein Elternteil faßt das Kind wieder bei den Händen und zieht es
vor und zurück.

Abb. 50   Selbständig den Rand erreichen

— *Zum Rand hin*

Etwas, was wir schon im Babyschwimmkurs geübt haben: eine Übung zum Selbstretten.

a) Lassen Sie die Kinder sich am Rand festhalten.
b) Nehmen Sie die Kinder in Schwimmhalte.
c) Lösen Sie die Kinder vom Rand mit beiden Händen, wieder in Schwimmhalte, schieben Sie sie wieder zum Festhalten.
d) Lösen Sie wieder, Abstand auf ca. einer Körperlänge der Kinder. Geben Sie nun Schwung, aber lassen Sie die Kinder los, damit sie allein zum Rand gleiten.
e) Großer Abstand von ca. 3 Metern: Die Kinder bekommen von Ihnen einen Vorwärtsschwung und tauchen jetzt selbständig über die ganze Distanz zum Rand.

Sie können inzwischen selbst bemerken, daß meine Übungen sehr auf die Schwimmlage Brust oder Bauch abgestimmt sind.

— *Auf der Treppe sitzen*

Wir setzen die Kinder auf die Treppe, knien uns in Augenhöhe vor sie hin. Jetzt fordern wir sie auf, zu uns zu kommen. Um eine kleine Distanz zu überwinden, müssen sie sich von der Treppe abstoßen.

Bei ausreichender Übung können die Kinder das sehr gut nachvollziehen. Oft setze ich mich aber zu den Kleinen auf die Treppe und zeige ihnen, wie sie gleiten sollen.

═ Zusammenfassung 7. Stunde

Pusteblume – Gegen leichten Gegenstand (Schwimmflügel) pusten.

Kreise drehen – Mit flotter Musik Kreise drehen.

Autoscooter – Kinder mit Schwung um uns herumdrehen.

Baum fällen – Wie ein gefällter Baum einfach ins Wasser fallen.

Handtuch halten – Badetuch festhalten und ziehen.

Stern bilden – 1. Gruppe, 2. Eltern, 3. einzelne Kinder in Bauchlage zusammenbringen, dann in Rückenlage auseinandergehen lassen.

Zum Rand hin – a) festhalten, b) Schwimmhalte, c) Schwimmhalte gelöst, d) kleiner Abstand, e) großer Abstand mit Tauchen.

Treppe gleiten – Vom Sitz auf der Treppe zu den Eltern gleiten.

8. Stunde

— *Fußspiel*

Gruppe

Die Kinder liegen in Rückenlage, mit dem Kopf auf der Brust der Mutter. Alle kommen zum Kreis zusammen, in die Mitte lege ich einen großen Ball. Die Kinder strampeln nun ganz toll, und der Ball hüpft hin und her. Ermuntern Sie Ihre Kinder fleißig zu treten, sobald der Ball in ihre Nähe kommt. Hiermit können Sie ängstliche und ruhige Kinder aus der Reserve locken.

Einzeln

Mutter und Kind bekommen einen Ball. Zeigen Sie einmal dem Kind, daß man den Ball auch mit den Füßen greifen kann.

Abb. 51   Hier heißt es gut festhalten

Abb. 52   Wer wird die Erste sein?

— *Huckepack-Schwimmen*

Legen Sie das Kind auf Ihren Rücken. Wenn es schwierig ist, lassen Sie sich dabei helfen. Die Kinder müssen sich gut festhalten, dann beginnen die Mütter zu schwimmen.

Manche Mütter fühlen sich nicht kräftig genug und sind ängstlich, dann gebe ich ihnen Hilfestellung und dirigiere das Kind auf dem Rücken. Jetzt können Sie unbesorgt schwimmen.

Ganz Mutige tauchen mit ihren Kindern gemeinsam!

——   *Schwebebahn*

Interessant ist das Festhalten an der Stange. Als Wuppertalerin erklärte ich den Müttern, wir wollen jetzt »Schwebebahn« spielen.

Die Mütter sind der 1. Wagen. Der 2. Wagen kommt dann etwas langsamer, manchmal gar nicht an. Mutter und Kind fassen an die Stange. Viele Kleinkinder hangeln gleich ganz begeistert ihren Müttern hinterher, manchen mußte man die Greiftechnik erst beibringen.

Halten und lösen:
Kindern, die noch nicht vorankommen, helfen wir mit einer Übung. Sie sollen eine Hand lösen und uns geben. Nun ist eine Hand an der Stange, eine haben Sie. Ziehen Sie die Kleinen jetzt mit Schwung zu sich her, also im Bogen, evtl. bis zur gegenüberliegenden Seite.

Raushangeln:
Alle hangeln jetzt raus!

Abb. 53   Nur noch eine Hand!

—— *Streckengleiten*

Wir haben mit der Greiftechnik begonnen, also habe ich die Kinder von mir weg zu einem Partner geschoben, so daß sich fast die Hände der beiden berührten. Dann haben wir erweitert.

Die Kinder tauchen alle ohne Probleme kleine Distanzen zur Mutter hin. Auch die Kinder, die noch keinen Babyschwimmkurs absolviert hatten, haben größere Tauchstrecken hinter sich gebracht.

Beim Distanztauchen mit einem Meter beginnen und je nach Leistung und Laune des Kindes steigern.

Vor dem Tauchen kann man die *Wellentechnik*, ein von mir konzipierter Begriff, anwenden. Ich verwende sie, um die Kinder zum Mundschluß zu bringen. Für viele Eltern sieht es fast etwas brutal aus, aber wenn ich ihnen den Sinn des Mundschlusses erkläre, üben sie alle toll mit.

Bei der *Wellentechnik* schieben Sie mit einer Hand eine große Welle vor den Mund bzw. vor das Gesicht des Kindes. Wichtig, besonders wenn das Kind tauchen soll und gerade jetzt den Mund öffnet.

Da bei den Kleinkindern höchstens noch ein Rest des Atemschutzreflexes übrig ist, muß man sie auf die allgemeine Atemschwimmtechnik vorbereiten.

—— *Elterntauchen*

Besonders gut hat unser Streckengleiten geklappt, wenn Vater und Mutter anwesend waren, also z. B. der Vater dem Kind unter Wasser entgegentaucht und es zunächst annimmt.

Als Steigerung soll er nur noch die Hand dem Kind entgegenhalten und sich ergreifen lassen.

—   *Seilspiele*

Wasserhöhe auf ca. 6 cm
Weiches Seil für alle Kinder austeilen.
Hieran halten sie sich fest, ziehen Sie sie wieder in Schwimm-
lage.
Spielen Sie mit ihnen einmal Pferd und Wagen!
Machen Sie einmal mit Ihrem Kind Tauziehen.
Sicher fallen Ihnen noch viele Möglichkeiten ein.

—   *Waage*

Zum Schluß bitte ich alle Mütter, sich in einen Kreis zu setzen.
Die Kinder sollen auf Ihren Unterschenkeln sitzen.

Heben Sie nun Ihre Unterschenkel an, damit die Kinder über
Wasser sind. Das ist recht schwer. Ich erkläre den Müttern lachend, daß
wir auch etwas für unsere Bauchmuskeln tun müssen.

Manche werfen die Kinder mit Schwung in die Luft, dabei die
Hände festhalten.

Zusammenfassung 8. Stunde

Fuß-Ball-Spiel – Kinder in Rückenlage Ball treten lassen.

Huckepackschwimmen – Kinder auf Mutters Rücken legen, Brustschwimmen.

Schwebebahn – Hangeln an der Stange, eine Hand lösen, die Mutter zieht zum Körperkontakt. Raushangeln!

Streckengleiten – Zuerst eine kleine Distanz zur Mutter, dann Distanz vergrößern bis 3 Meter und mehr.

Elterntauchen – Vater taucht entgegen, Hand ergreifen.

Wellentechnik – Welle vor das Gesicht des Kindes zum Mundschluß und Luftanhalten üben.

Seilspiele – Schwimmlage, Pferd und Wagen, Tauziehen.

Waage – Kinder sitzen auf den Unterschenkeln der Mütter, hochheben!

≡ Übungen, die eingeschoben werden können

— *Gießkanne*

Ein ganz wichtiges Requisit. Bitten Sie doch die Eltern, eine Plastikgießkanne mitzubringen. Sie ist das beliebteste Spielzeug überhaupt, man kann sie also vielseitig einsetzen.

Am Anfang, um die Kinder zu begießen, besonders Kinder, welche nicht vom Babyschwimmen übernommen wurden und noch wasserscheu sind. Dann, um zwei Kinder in Kontakt zu bringen; es gibt natürlich manchmal Gerangel. Am Henkel festhalten lassen und in Gleitphase ziehen.

— *Tauchübungen*

Das Tauchen muß in diesem Alter freiwillig geschehen, deshalb behalten Sie den spielerischen Aspekt im Vordergrund.

— *»Mein Kind ist ein Ball«*

Eine heitere Sache ist auch das Zuwerfen der Kinder mit und ohne Tauchen. Keine falsche Scheu, dies machen die Kinder manchmal lieber als Streckengleiten.

Die Eltern oder andere Personen stehen ca. 1 Meter auseinander und werfen sich das Kind zu. Ganz Mutige vergrößern dann jeweils den Abstand. Schauen Sie aber mal dem Kind ins Gesicht, ob es noch Lust hat!

Abb. 54   Auf der Matte balancieren

—   *Airex-Matte (schwimmende Gymnastikmappe)*

Falls vorhanden, können Sie die Kinder in Bauch- oder Rückenlage auf die Matte legen, dies ist sehr gut für den Gleichgewichtssinn.
Bei Großen legt man nur den Brustkorb auf und läßt sie selbst die Matte
bewegen.

—   *Ins Wasser schauen*

Zum Schwimmenlernen ist das Luftanhalten sehr wichtig. Gut,
wenn man die Kinder lehrt, den Mund ins Wasser zu bringen und durch
die Nase Luft zu holen.

Mutter oder Vater machen dies mit, also in Augenhöhe und Stückchen für Stückchen mehr vom Gesicht eintauchen.

—— *Goldsucher*

Für meine begabtesten Taucher, meist schon über 2 Jahre alt, habe ich zur Krönung dann einen besonderen Trick. Man wirft ihnen ein Geldstück (1,– DM oder bei tieferem Tauchen 5,– DM) vor die Füße – noch schwerer, vom Rand bei normaler Wassertiefe 1,30 m – und läßt sie das Geldstück hochholen. Natürlich müssen sie es behalten dürfen. Da es sehr wenige schaffen, bin ich bis jetzt noch nicht arm geworden.

—— *Schwimmeister, mit Windel und Schlauch*

Viele Eltern erinnern sich an die alten Schwimmeisterringe, welche man um die Brust gelegt bekam, als der Schwimmeister mit der Verbindungsstange am Rand mit dem Schüler auf und ab ging.

Dies kann man improvisieren, z. B. mit einer Stoffwindel oder einem Handtuch, welches dem Kind um den Brustkorb gelegt wird. Die Eltern halten die Enden fest und können so die Kinder durchs Wasser bewegen.

Einen Schlauch gibt es in Spielwarengeschäften, bunte Kunststoffschläuche. Davon braucht man ca. 1 m Länge. Hiermit kann man viel machen. Durch die Luft gewirbelt, singt der Schlauch.

Man kann mit dem Kind telefonieren, Wettziehen machen, Eisenbahn spielen, Hände festhalten lassen, in Bauch- und Rückenlage ziehen. Zum Ende auch, wie mit Handtuch oder Windel, Schwimmeisterhaltung einnehmen.

— *Sogübung*

Dies ist eine sehr eindrucksvolle Übung, die ich so auch ans Ende setzen möchte.

Lassen Sie alle im Wasser Anwesenden schnell im Kreis laufen, mindestens 3 Runden, besser noch mehr, dabei anfeuern und ermutigen, schneller zu laufen. Dann rufen Sie stopp: Alle tauchen gemeinsam mit ihren Kindern unter, hocken die Knie an; so gerät man in den Strudel.

1. Variante. Bei mehreren läßt einer das Kind untertauchen, und durch die Sogwirkung taucht es mit Geschwindigkeit zum Partner.

2. Variante ohne Tauchen, nur seitlich stellen und das Kind in Rückenlage den Sog spüren lassen.

3. Variante. Auch möglich mit Schwimmflügeln oder Schwimmring.

4. Variante. Gemeinsames Tauchen.

≡ Ausklang

Allen Eltern oder auch Großeltern wünsche ich viel Freude mit den Kindern beim Schwimmen. Sollten Sie einmal den Mut verlieren und ein wenig verzagt sein, so denken Sie immer daran: Schwimmen ist die beste Sportart überhaupt. Sie fördern Ihr Kind mit dieser Betätigung schon sehr früh und sehr vielseitig.

Seien Sie aber nicht enttäuscht, wenn Ihr Kind auch zum Ende des Kleinstkinderschwimmens noch nicht schwimmen kann. Es sind ganz wenige, die das bis dahin beherrschen.

Sachverzeichnis

Abroller 38 f, 54, 95 f, 100, 107
– erweiterter 101
Aktionsradius 12, 62
Aktivität 13, 73
Angstphase 12
Armbewegung 23, 26, 28
Atemschutzreflex 11, 13, 17, 68
Auftriebskraft 53, 78

Balance 28 f, 83 f, 86
Balancetraining 31
Bauchlage 22, 47, 53, 90
Beinbewegung 18, 28
Beinschwenkung 25
Bewegungsdrang 68
Bewegungsfreiraum 18
Blickkontakt 24, 29, 46, 49, 79
Brücken bauen 75

Chlorzusatz 14, 69

Dauer 13
Distanz 32 f, 39, 96, 100, 112 f
Duschen 72

Eingewöhnungszeit 16
Einhandgrifftechnik 47, 50
Einjährige 13, 62, 67 ff
Elterntauchen 117, 119
Entwicklungsphase 63

Freies Bewegen 31
Froschhocke 28
Fußkontakt 85, 89
Fußspiel 114

Gesundheitsbehörde 14
Gigantos 51
Gleichgewichtslage 48
Gleichgewichtssinn 83, 121
Gleiten 33, 36 f, 49, 51, 54
Greiftechnik 116 f
Gummiring 73, 76

Gymnastikmatte 121
Gymnastikreifen 91 ff
Gymnastikstab 97 f, 100

Haltearm 90
Haltetechnik 21, 25, 48, 90
Hangeln 63
Holzreifen 91 ff
Hubboden 60, 69
Huckepack-Schwimmen 115, 119
Hydrotherapie 78
Hygiene 14

Kinngriff 64 f
Kontaktaufnahme 41
Kontaktfreudigkeit 68
Körperkontakt 11, 17, 19, 60 f, 69
Kursbeginn 11
Küßchenspiel 29, 31, 86, 89

Lernstillstand 55, 61
Luftanhalten 121
Lustlosigkeit 55, 61

Ozonzusatz 14, 69

Passiv 17 f
Planschbecken 60 f
Profigriff 64 f

Raumgewöhnung 16, 19
Raushangeln 74 ff, 116
Reifenspiele 92 ff
Reinspringen 103, 107
Ringel-Rangel-Rose 82 f
Rückenkraulen 57, 61
Rückenschwimmen 29 ff, 53 f, 85, 89
Rückschritt 12, 15, 55
Rutschen 85, 89

Schutzreflex 11, 13, 17, 62
Schwebebahn spielen 116
Schwimmbrett 35, 37, 106 f

Schwimmflügel 34, 37, 70, 83 f, 102, 107
Schwimmhalte 44 f
Schwimmhilfe 27, 29, 38, 70, 83 f, 89, 96
Schwimmposition 18, 42, 44, 86
Schwimmspielzeug 21, 38, 81 f
Schwimmsprosse 34 f, 37, 81 f
Seilspiel 118 f
Selbstretten 12, 42, 96, 112
Sicherheit 74
Sogübung 123
Spiel 58 f
Stern 110 f, 113
Strampelkonzert 77, 80, 82
Strampeln 73, 76
Streckengleiten 117
Streckentauchen 46, 49 f, 55
Stützhand 48

Tauchen 23 ff, 32, 47, 52, 65, 112, 117, 120
Temperaturausgleich 48
Toter Mann 30
Trinkröhrchenpusten 77, 82

Übungsgeräte 70
Unterkörperschwung 18
Untertauchen 26, 31, 33, 42

Wasserball 87
Wassergewöhnung 13, 15 f, 19
Wassermantel 22, 26, 48
Wasserpusten 73, 76
Wasserqualität 69
Wasserruhe 15
Wasserschlacht 74, 76
Wasserschlauch 104 f, 107
Wassertemperatur 15, 78
Wassertiefe 73
Wasserwiderstand 73, 78 f, 82
Wellentechnik 17, 19, 98, 117
Wettspiel 58, 101, 106 f

Ziel 12, 68
Zirkeltraining 88 f
Zugreifposition 42